민들레 홀씨 훨훨

민들레
홀씨 훨훨

방 수 미 수필집

세종출판사

| 작가의 말 |

수필을 쓰면서 하루하루가 반짝였습니다.
현재에서 과거로 떠난 시간 여행은 행복했습니다.
반만년 역사의 등줄기를 어루만지기도 했습니다.
여행의 순간을 사진처럼 글로 담았습니다.
마치 훨훨 날아가는 민들레 홀씨처럼,
낮은 땅바닥에, 높은 절벽에
나의 수필은 어느 틈에 뿌리를 내립니다.

모든 순간을 함께 나눈 식구들의
관심과 응원과 사랑 덕분에 수필이 더 풍성해졌습니다.

도레미파솔라시도 음계를 오르듯,
차근차근 가르쳐주신 수필가 김경자 선생님께 감사 인사드립니다.

차례

작가의 말 · 5

01 반짝이는 하루

동백섬 틈 속으로	13
열두 번의 메타세쿼이아	18
골목길에 서서	23
논의 일생	28
논어와 다례	32
호메로스를 만납니다	36
노인에 대하여	40
비움과 채움의 미학	45
한여름의 book 콘서트	50
독서수필 꿈꾸는 낭송 공작소	54

02 현재에서 과거로

흰머리와 함께 살기	61
전화기는 꺼져있고	66
딸의 첫 번째 독립	72
피아노 콩쿨장에서 기다리며	77
함께 텔레비전 보는 시간	83
김칫국 한 사발 들이켜니 정신이 번쩍	87
한 장의 이력서	92
소나기가 내리면	96
나의 뒷배는 엄마	100
늦은 밤 기차역 앞의 국수	105
우리 조상님	110
어머니와 흰 것	115

독서수필 그리스인 조르바	120

03 역사 속의 오늘

익산 단군 성묘 131
난잎으로 칼을 얻다 136
부산의 다크 투어, 기장 죽성 141
울며 헤진 부산항 146
현충일에 151
장기려 박사님을 만나는 초량 이바구길 157
민주주의와 자유 162

독서수필 언젠가 우리가 같은 별을 바라본다면 167

04 여행의 즐거움

사람의 향기가 남은	177
'처음'이 잘 어울리는 곳 익산	183
고속도로 휴게소에서 만나는 함양	188
청포도가 익어가는 마당에서	192
해인사에서 하룻밤	198
하의도 구슬 나무	204
아르고호 이야기	210

독서수필 픽션들	217

해설 • 정영자
현모양처, 누가 그 이름을 소극적이라 말하랴?   225

─
01
반짝이는 하루

동백섬 틈 속으로

해운대에 올랐다. 하늘은 파랗고 바다는 더 파랗다. 저 멀리 뭉게구름은 하얀 솜사탕인 듯 피어올라 파란 하늘에 걸렸다. 고운 최치원 선생이 이곳에 왔을 때도 이런 모습이었을까. 선생이 海雲臺라 불렀던 마음을 알겠다. 해운대가 있는 동백섬은 내가 부산에서 가장 좋아하는 곳이다. 바닷물에 둘러싸였던 섬이 지금은 다리가 연결되어 이름에만 섬이 남았다.

부산은 나에게 특별하다. 결혼할 때까지 부산에 와 본 적이 없었다. 신혼여행으로 처음 찾은 부산은 설레고 매력적인 도시였다. 사람들의 모습은 활기찼고 도시는 역동적이었다. 서면에 머물며 해운대, 광안리, 자갈치 시장 등을 다녔다. 생활 한복을 입고 재미있게 찍은 사진들을 보면 지금도 수줍은 미소가 스며 나온다. 즐거웠던 기억에 기대어 가끔 부산을 떠올리곤 했다. 인생이란 알 수 없다. 나는 지금 부산에 살고 있다. 잠시 여행자가 되어 바람처럼 머무르려 내려왔지만, 부산에 반해서 십여 년을 살다 보니 마음마저 부산 사람이 되어간다.

부산으로 이사 온 지 얼마 되지 않은 봄날에 동백섬을 처음 걸었다. 그날 다섯 살 아들이 동백섬으로 유치원 소풍을 갔다. 일부러 아들을 보러 간 것은 아니지만, 마음 한편에는 새 유치원에 입학한 지 얼마 되지 않은 아들이 잘 놀고 있으려나 마음이 쓰였다. 멀리서 아들에게 손짓하고 동백섬 산책길을 한 바퀴 돌았다. 찰싹찰싹 치는 파도소리와 쫑알쫑알 지저귀는 새소리가 들렸다. 바다는 눈부셨고, 바람은 산뜻했다.

시간만 나면 동백섬을 걷고 또 걸었다. 해운대가 어디인지 찾았고, 동백섬 꼭대기에 있는 최치원 선생 동상 앞에 머무르기도 하며, 바다 산책로를 걷다가 황옥 공주 인어상에 눈인사도 했다. 전통과 현대의 맵시가 아름다운 조화를 이룬 누리마루에도 문턱이 닿도록 다녔다. 이렇게 좋은 풍광에서 정상회담을 했으니 APEC 정상들은 얼마나 좋았을까. 아는 만큼 동백섬은 내 것이 되었다. 최치원 선생은 관직을 버리고 세상을 떠돌다가 바다 끝까지 내려왔다. 개혁의 꿈을 이루지 못하고 지친 몸을 이끌고 왔을 최치원 선생을 이곳 바다와 구름이 위로했길 바란다. 최치원 선생은 우리에게 해운대라는 아름다운 이름을 남겨주고는 가야산에서 산신령이 되었단다. 해운대 석각 전망대에 서서 바다를 바라보았다. 물결과 파도는 한 마리의 백마가 되어 하얀 거품을 만들며 해수욕장의 황금 모래밭으로 달려간다.

제자리에서 한 바퀴 돌아도 온통 반듯반듯한 논만 보이는 그런 곳에서 나고 자랐다. 평야는 계절별로 바뀐다. 봄에 모내기하고, 여름에 피사리하고, 가을에 수확하고, 겨울에 땅을 쉬게 한다. 그런데 바다는 매일매일 바뀌는 것이 신기하다. 어제의 바다는 뜨거운 바다였다면, 오늘의 바다는 차가운 바다이고, 내일의 바다는 성난 바다일 것이다. 모레는 언제 그랬냐는 듯이 다시 잔잔한 바다가 될 것이다. 수평선이라는 것도 신기했다. 고대 그리스인들은 세상이 네모나고 바다의 끝은 낭떠러지라고 여겼다던데, 수평선을 보고 있노라면 폭포의 끝을 보듯이 깎인 느낌이다. 그 끝을 눈으로 확인하고 싶지만, 불가능한 일임을 안다. 수평선을 계속 따라가봤자 내가 닿을 곳은 바다의 끝이 아니고 일본의 후쿠오카쯤이 될 것이다. 가끔은 무 자르듯 정확한 과학이 아쉽다. 상상력이 남겨질 틈이 없다. 그 틈 속으로 많은 이야기가 전해질 텐데 말이다. 다행히 동백섬의 틈으로 아직 황옥 공주 설화가 흘러나온다.

무궁 나라 은혜왕과 나란다 왕국 황옥 공주의 결혼 이야기이다. 황옥 공주는 보름달이 뜰 때마다 황옥 구슬을 통해 바다 저편의 고국을 보며 그리움을 달랬단다. 천 년도 더 지난 후 공주는 청동 인어상이 되어 우리에게 그녀의 이야기를 들려준다. 누군가는 황옥 공주가 금관가야의 시조모인 허황옥 왕후라고 한다. 허왕후도 인도 아유타국에서 배를 타고 시집왔다니, 전설과 역사 사이에서 환상의 틈이 열린다.

잔잔하게 들리는 파도 소리를 들으며 해안산책로를 걷다가 황옥 공주를 만난다. 문득 구슬을 바라보는 공주의 얼굴이 쓸쓸해 보인다. 그녀의 얼굴과 평야 마을을 떠나 바다 마을에 살고 있는 내 얼굴이 겹친다. 네모 난 돌을 갈고 닦아 동그란 구슬을 만들 듯, 십여 년의 세월이 흐르는 사이 어느새 부산 사람이 되었다. 부산 생활이 즐겁고 부산을 좋아하지만, 언뜻 드리워지는 타향살이의 아쉬운 그림자까지 걷어낼 수는 없나 보다. 전설의 인어상 앞에서 머무는 발길이 잦은 까닭이다.

유월의 동백섬은 이제 여름을 맞이할 준비를 한다. 진한 녹색으로 더 깊어진 동백나무들은 울창한 그늘을 만든다. 긴 낮이 저물고 광안대교 너머로 해가 넘어간다. 붉게 물든 바다는 마치 물을 가득 머금은 논에 비친 노을 같다. 저무는 하루가 아름답기는 바다와 평야가 매한가지이다. 작은 깨달음에 큰 행복을 얻는다. 집으로 향하는 발걸음이 통통 가볍다.

(2025. 6)

열두 번의 메타세쿼이아

나무는 계절을 가장 빨리 받아들인다. 여전히 머물러 있는 더위에 옷차림은 얇지만, 나무들은 이미 가을의 색으로 갈아입는다. 단풍나무, 은행나무는 물론 온갖 나무들이 일 년의 한때를 활활 불태운다. 그중에서 가을에 가장 눈에 띄는 나무는 메타세쿼이아이다. 메타세쿼이아는 키가 껑충하다. 평소에는 잘 드러나는 나무가 아니지만, 초록색 삼각형 머리카락이 불타는 구리색을 띠기 시작하면서부터 가장 두드러진다. 가을에 어느 순간 저 멀리 구릿빛 나무가 보인다면 그것이 메타세쿼이아다. 원래부터 그 자리에 있었지만, 어느 날 갑자기 그 자리로 옮겨진 듯한 느낌이다.

햇볕 한 줌도 허락하지 않을 듯이 빼곡한 잎을 가진 메타세쿼이아 길은 산책하기 좋다. 담양의 메타세쿼이아 길은 특별히 더 유명하여 많은 사람의 발길이 끊이지 않는다. 잔가지 없이 키가 껑충한 나무들이 줄지어 서 있어 고대 그리스의 신전처럼 주랑을 이루는 것 같기도 하고, 또 서로의 가지들이 만나면 동화에나 나올법한 신비한 동굴처럼 보이기도 한다.

내가 사는 곳 가까이에는 해운대에서 송정으로 넘어가는 길에 메타세쿼이아 숲길이 있다. 지금이야 터널이 뚫리고 새로운 길이 생겼지만, 오십여 년 전만 해도 사람들은 이 언덕을 넘어 송정으로 다녔다. 이제는 '송정 옛길'이라는 이름으로 산책로가 다듬어져 지역주민들이 아침저녁으로 산책한다. 해운대에서 송정으로 넘어가는 초입에 메타세쿼이아가 길게 줄지어 서 있고, 어느 누가 그곳을 '고흐의 길'이라고 불렀다. 그런데 고흐가 그린 아를의 「알리스캉의 가로수길」에 길게 늘어선 나무는 메타세쿼이아가 아니라 포플러 나무이다. 두 나무는 가을에 입는 색깔도 다르다. 포플러 나무는 노란 옷을 입고, 메타세쿼이아 나무는 붉은 옷을 입는다. 포플러 나무는 개화기에 미국 선교사들이 가져와 심기 시작하여 미루(柳) 나무라고 불렀단다. 메타세쿼이아도 미국에서 건너오긴 했지만, 엄연히 두 나무의 생김은 다르다. 누군가 잘못 부른 이름이 생명을 얻어 메타세쿼이아와 상관없이 '고흐의 길'

이라 불리는 것은 아쉽다.

멀리 메타세쿼이아가 보이면 일부러 멈춰서 바라보곤 했는데, 그 메타세쿼이아가 우리 아파트 중앙 통로에 줄지어 심겨 있는 것을 뒤늦게 알았다. 틸틸과 미틸 남매가 그토록 찾아다니던 파랑새가 집 안에 있었듯이, 우리 아파트 안의 메타세쿼이아를 알아보지 못했다. 등잔 밑이 어둡다는 속담은 나를 두고 하는 말인가 보다. 메타세쿼이아 나무 아래 의자에 자주 앉는다. 어느 순간 변화무쌍한 메타세쿼이아를 사진에 담기 시작했다. 매달 보름에 사진을 찍었다.

메타세쿼이아의 겨울은 생각보다 길다. 앙상한 메타세쿼이아 가지는 사월이 되어서야 솜털 같은 머리카락을 내밀 듯 연둣빛 잎이 돋아난다. 네 발로 기던 아기가 두 발로 일어서는 순간 아장아장 걷고 곧잘 뛰듯이 오월부터는 푸른색 이파리가 빈틈없이 메워지고, 점점 색도 진해진다. 햇빛을 풍부하게 받은 여름의 메타세쿼이아는 에메랄드색으로 빛난다. 활기찬 초록의 청년 시절을 보내고서는 구월부터 점차 머리를 물들인다. 하늘에 가까운 꼭대기부터 구릿빛으로 반짝인다. 점차 초록은 연녹색이 되고, 연녹색 머리카락 색은 십일월이 되면 붉은색으로 염색을 마친다. 멀리에서 보면 마치 활활 불타는 것처럼 보인다. 십이월에 겨울비와 세찬 바람을 맞으면 구릿빛으로 빛나던 이파리를 하나도 남김없이 우수수 떨어뜨린다. 머리가 숭숭 빠진 노년의 모습처럼 메타세쿼이아의 가지에는 잎이 하나도 남지 않는다. 다른 나무들보다 인간의 일생과 더 많이 닮아 보인다. 여름내 그늘을 주던 메타세쿼이아는 겨울에는 나뭇가지 사이로 햇살을 준다. 인간을 닮았고, 인간에게 필요한 나무이다.

그렇게 일 년 동안 사진을 찍었다. 열두 개의 사진을 모아놓았더니 시간에 따라 햇빛과 그림자가 제각각이다. 역시 첫술에 배부를 리 없다. 이번에는 날짜를 정하는 것보다 시간을 정했다. 어느 날 날씨 좋은 열두 시로. 태양이 중천에 떠 있을 때 사진을 찍었다. 수시로 사진을 모아놓고 보니 다행히 메타세쿼이아와 그림자가 계절의 흐름에 따라 움직인다. 이제야 만족스럽다. 이제 가을과 겨울만 찍으면 메타세쿼이아의 일 년이 다 담긴다. 사소하지만 보람 있다. 마치 우주의 이치를 깨달은 기분이다.

한 해에 열두 번, 그렇게 메타세쿼이아를 만나는 날은 이곳이 평범한 아파트가 아니다. 소중한 것을 만나는 즐거운 소풍이다. 열두 시에 알람이 울린다. 오늘도 메타세쿼이아를 만나러 간다.

생텍쥐페리의 『어린 왕자』에 나오는 구절처럼 나는 '나의 메타세쿼이아' 사진을 찍기 위해 공들인다.

"너의 장미꽃이 그렇게 소중한 것은
　그 꽃을 위해 네가 공들인 시간 때문이다."

(2023.9)

골목길에 서서

친정에 다녀왔다. 예전에는 고향 친구들을 만나 수다 떨기 바빴는데, 이제는 시간을 내어 동네를 산책한다. 일곱 살부터 살던 우리 동네는 수십 년이 흐르는 동안에도 크게 달라지지 않았다. 발길이 닿는 대로 걷다 보니 어느새 발끝은 초등학교로 향했다. 그 골목에는 군것질하던 문구점도 있고, 만화책을 빌려보던 만화방도 있다. 학교와 집 사이를 다람쥐 쳇바퀴 마냥 오가던 학창 시절에 가졌던 취미가 순정 만화였다. 낡은 가게는 지금은 비어 있는지 굳게 닫혔다. 문을 드르륵 밀고 그 안으로 들어가고 싶어졌다.

낮은 지붕이 있는 집들, 좁은 골목길, 가끔 집안에서 웃는 소리가 벽을 넘어 흘러나온다. 우리 동네는 우리 도시에서도 가장 변화가 느린 곳이다. 지금의 모습은 삼사십 년 남짓 시간이 멈춘 채 그대로이다. 도시의 변두리. 이곳은 발전할 기미가 전혀 없다. 도시 안에서도 우리 동네만 자꾸 개발에서 비껴가고, 여기저기 다른 곳은 새 아파트가 들어섰다. 이제는 도시의 인구도 줄어드는 상황이라 변화가 위주로만 재단장한다. 아마 앞으로도 우리 동네가 '발전'할 가능성은 없을 것 같다.

우리는 빠르게 변화하는 세상에 산다. 실용과 발전이라는 이름으로 낡은 것들은 부서지고 사람들은 강제로 이주한다. 누구는 그것을 반기고, 누구는 그것을 반대한다. 처음에는 두꺼비집처럼 헌집을 가져가고 새집을 준다는데 반대할 이유가 없다고 생각했다. 지천명의 나이가 된 나에게 이제야 질문을 던진다. 이주와 이사로 이웃과 단절된 삶보다 새 아파트가 좋을까. 사람들이 기댈 곳이 점점 없어진다. 이웃사촌이라는 말도 옛말이 되었다. 뛰어놀던 동네가 없어지는 고향의 부재不在, 참으로 서글픈 말이다. 고향이 없다는 것은 뿌리에 대한 상실이다. 그래서 사람들은 이쁘게 벽화로 단장한 낡은 마을을 찾아 시간 여행을 하는지도 모르겠다. 오랫동안 타지 생활을 했더니, 이제야 거친 물살을 거슬러 올라가는 연어처럼 귀소본능이 느껴지고 고향에 대한 애틋한 향수鄕愁가 생긴다. 다행히 나에게는 아직 산책할 고향이 있다.

딴 길로 샜던 생각을 접고 골목을 계속 걸었다. 옆집 아주머니가 곱게 차려입으시고 교회를 다녀오시나 보다. 반가운 마음에 인사를 드리니 나를 몰라보신다. 하기야, 이십여 년 전에 결혼하여 동네를 떠난 뒤로는 길에서라도 만난 적이 몇 번 되지 않는다. "저 수미에요."라고 말씀드리니 그때야 반가운 얼굴로 "수미냐?" 하신다. 골목길에 서서 짧은 안부를 나누고 헤어졌다. 옆집 아주머니의 얼굴은 긴 세월 속에서도 내가 알던 사십 대의 모습으로만 보였다. 아마도 옆집 아주머니 눈에도 쉰 살의 내가 스무 살로 보였을 것이다. 아이를 낳으면서 나는 누구 엄마라고 불리는 일이 더 많았다. 낯익은 골목과 내 이름이 나를 들뜨게 한다. 동네는 모습만 그대로가 아니고 내 이름도 찾아주었다. 여기는 아직 '수미네' 동네였다. 예전에는 동네에 변화가 없어서 아쉬운 마음도 있었지만, 이제는 내가 아는 그대로여서 좋다. 발걸음을 뗀 김에 초등학교까지 걸었다. 이려서는 그 길이 엄청나게 길게 느껴졌는데, 어른의 발걸음으로 가니 금세 도착한다. 초등학교만 유일하게 모습이 변했다. 낡은 학교를 허물고 이쁜 건물로 새롭게 단장했다. 인조 잔디가 깔린 축구장은 세련되어 보인다. 우리 초등학교는 내가 다니던 시절에도 축구로 유명했다. 잠시 나는 양쪽 어깨에 빨간 책가방을 멘 소녀가 된 기분으로 담장 없는 학교를 걸었다.

 공간(空間, space)은 비어있는 곳이고, 장소(場所, place)는 어떤 일이 일어난 곳이란다. 젊은 시절에는 곳간을 채우듯 빈 곳을 채우는 것이 좋아서 새로운 곳을 좋아했다. 하지만 지금은 낯선 공간보다 낯익은 장소에 가는 것이 좋다. 길에 서 있으니 그 시절의 내가 나를 지나친다. 골목에서 친구들과 고무줄놀이하는 어린 나, 고등학교 하굣길에 친구와 핫도그를 먹으며 재잘재잘 수다 떠는 나, 휴대전화는 물론 삐삐도 없던 시절에 시내 서점 앞에서 약속한 친구를 기다리던 풋풋한 나. 내가 공간에 채색하던 시절은 지나고 이제 장소에 빛바랜 향수만 남았다. 추억할 것이 많다는 것은 큰 축복이다. 뒤를 돌아보니 장소는 내가 걸어온 길이고, 나의 모습이다.

 늦봄 날씨는 산책하기 딱 좋다. 운동화를 신고 집 밖으로 나간다. '지금' 내가 살고 있는 곳을 걷는다. 옛날 동네처럼 좁은 골목길은 없지만, 아파트와 아파트 사이에 산책로가 잘 되어 있다. 봄에는 벚꽃이 피고, 여름에는 신록이 푸르고, 가을에는 곱게 은행이 물든다. 오래된 '신시가지'에는 굵은 나무가 있어서 좋다. 새로 이름 지어진 '그린 시티Green City'는 우리 동네에 잘 어울린다. 춘천을 따라 장산 대천공원까지 걷는다. 춘천에 수달이 산다며 조용히 해달라는 팻말이 보인다. 조심조심 살포시 걸으니 춘천에 졸졸 흐르는 물소리만 들린다. 걷던 걸음을 멈춘다. 초록이 깊어지는 산책로의 사진을 찍고 날짜를 써넣는다. 지금 걷는 이 길이 나에게 또 다른 향기를 품은 나의 장소가 되기를 바라며 오늘 새로운 기록을 남긴다.

(2024. 5)

논의 일생 – 호남평야에서

봄이다. 겨우내 꽁꽁 얼었던 논바닥은 새로운 생명을 맞이할 준비를 한다. 지금은 산불 예방을 위해 쥐불놀이를 하지 않지만, 내 어린 시절에는 쥐불놀이하러 모두 논에 갔다. 깡통 옆에 구멍을 뽕뽕 뚫고 철사 손잡이 만든 후에 나뭇등걸과 불씨를 넣어 누가 누가 잘 돌리나 내기를 하는 마음으로 세차게 돌리곤 했다. 어두운 밤의 쥐불놀이는 놀이동산의 대관람차처럼 빛을 내뿜으며 돌고 또 돈다. 한바탕 쥐불놀이가 끝나고 나면 농부는 바싹 마른 논에 물을 대고 볍씨의 싹을 틔우고 못자리를 준비한다. 할머니의 주름살처럼 쩍쩍 갈라졌던 논바닥은 물을 주는 대로 삼킨다. 금세 논은 보들보들한 아기의 발바닥같이 촉촉해진다. 오월에 이앙기가 논을 한 바퀴 돌고 나면 신생아의 솜털처럼 여린 모가 줄을 맞춰 심어진다. 물이 가득 대어진 논의 연둣빛 모는 물빛에 반짝이는 자기 모습을 감상하듯 춤을 춘다. 어린 모들이 심어진 논을 바라보고 있노라면 언제 자라려나 싶다. 갓난아기가 걷기까지 오랜 시간이 걸리듯이 어린 모도 더디게 자란다.

여름이다. 푸르고 **빽빽**하게 자란 벼들이 논을 가득 메운다. 내가 살던 호남평야는 일제 강점기에 반듯하게 경지정리가 되었다. 논들의 끝은 수십 킬로미터 떨어진 김제까지 닿아 있다. 일제가 우리나라에서 가장 많이 수탈한 곳이다. 빼앗김의 역사를 아는지 모르는지 싱그러운 벼들은 논들을 따라 수십 킬로미터까지 우줄우줄 푸르르다. 내가 가장 좋아하는 논의 계절은 바로 이때이다. 작은 바람에도 흔들리는 초록 물결을 바라만 봐도 눈이 맑아진다. 어쩌면 농부들의 시력이 그래서 좋을지도 모르겠다. 자연이 주는 건강함인가 보다.

가을이다. 호남평야는 점차 황금빛으로 출렁인다. 머리가 무거워 고개를 숙인 벼를 보노라면 '벼는 익을수록 고개를 숙인다.'라는 격언이 생각난다. 겸손을 빗댄 격언이지만, 내 눈에는 이삭에 달린 낟알의 풍성함만 보인다. 해마다 풍년을 기원하는 농부 딸의 마음이다. 어린 시절에 가장 좋아했던 명화는 밀레의 「이삭

줍기」였다. 지금이야 방안에 커다란 달력을 걸지 않지만 예전에는 아름다운 명화나 멋진 자연을 담은 큼직한 달력이 집마다 걸려 있었다. 세 명의 여인이 이삭을 줍기 위해 허리를 숙인 모습이 가끔 엄마의 모습과 중첩되었다.

겨울이다. 텅 비워진 논은 이제 겨울잠을 잔다. 그렇게 긴 시간 동안 깊은 동면에 취한다. 어떤 부지런한 농부는 본인도 놀지 않고, 땅도 놀리지 않는다. 논은 보리씨나 밀씨를 받아 꽁꽁 언 땅에 숨겨준다. 요즈음 국내산 콩에 대한 관심도 높아져 콩씨를 품기도 한다. 그리고 추운 겨울을 두려워하지 않고 새싹을 살짝 꺼내놓는다. 겨우내 눈과 추위 속에 더욱 단단해져야 봄에 열매를 잘 맺을 수 있기 때문이다. 작물을 심지 않은 논에는 겨울에 하얀 곤포로 짚단을 말아놓은 둥근 뭉치가 있는데 전래동화 「의좋은 형제」가 생각난다. 형은 신혼인 동생을 위해, 동생은 자식이 많은 형을 위해 추수가 끝난 후 볏가리를 들고 몰래 갖다 놓다가 나중에 서로의 우애를 확인하는 훈훈한 마무리이다. 지금은 콤바인으로 쌀을 다 받아버려서 낟알이 달린 볏가리를 나눌 수는 없지만, 겨울 논에 있는 공깃돌처럼 생긴 하얀 짚더미를 볼 때면 그 동화가 생각난다.

농부의 보살핌을 잘 받은 논은 추수할 때 수확량이 좋다. 농부는 모내기한 후에 이앙기가 빼먹은 빈자리에 일일이 모를 심어 때우고, 비료를 적당히 준다. 욕심이 과한 부모가 아이를 위한답시고 아이에게 너무 많은 교육을 하면 아이가 힘들어하듯이, 논도 너무 많은 비료를 주면 벼가 키만 커져서 태풍이나 장마에 넘어지기 쉽다. 틈틈이 부지런히 피사리(벼와 비슷한 잡초인 피를 뽑아내는 일)도 한다. 푸른 벼보다 웃자란 피들을 뽑아주면 벼들은 정갈하게 키를 맞추고 자란다. 매일 들여다보며 목마르지 않게 물을 대줘야 한다. 적절한 관심과 보살핌. 말처럼 쉽지 않다. 오십 년 농사를 지은 부모님도 매년 다르다고 하신다. 아이들을 키우는 것과 농사는 여러모로 비슷하다. 그래서 자녀 교육을 농사에 비유해서 자식 농사라 부르나 보다.

논의 일년은 우리의 인생과 닮았다. 어린아이처럼 보들보들한 연둣빛 모, 청년을 닮은 푸른 벼, 노년을 닮은 황금빛 나락. 그리고 세상을 떠나고 나면 이제 아무것도 남지 않은 텅텅 빈 논의 겨울 모습조차 논과 우리네 인생은 똑같다. 옷의 두께보다 논의 색깔에서 계절의 흐름을 느낀다. 논의 모습이 변할수록 나도 한층 익어간다.

(2025. 3)

논어와 다례

『논어』의 첫 시작은 "學而時習之 不亦說乎(학이시습지 불역열호)?"이다. 공자께서는 '배우고 늘 익히니 이 또한 인생의 기쁨이 아니겠는가?'라며 학습의 중요성을 강조하셨다. 그리고 『논어』의 끝은 "不知命 無以爲君子也 不知禮 無以立也 不知言 無以知人也. (부지명 무이위군자야, 부지례 무이립야, 부지언 무이지인야)"로 되어 있다. '운명을 모르면 군자가 될 수 없고, 예를 모르면 사회에 나설 수 없으며, 다른 사람의 말을 잘 알아듣지 못하면 그 사람을 알 수 없다.'라는 뜻이다.

『논어』는 공자가 직접 쓴 책이 아니고 제자들이 공자의 말씀을 모아 만든 책이다. 제자들이 생각할 때 공자는 좋은 내용을 배워

깨달은 후에 어디라도 사용하는 것을 가장 중요하게 여겼나 보다. 그래서 제자들은 『논어』를 정리하면서 배울 학學으로 시작하여 깨달음 지知로 마무리한 것 같다. 『논어』는 특히 인仁, 지知, 예禮, 의義, 덕德, 충忠을 강조한다. 이런 도道를 익혀 진심을 담아 최선을 다한다면, 모든 것은 내 것이 될 것이다. 『논어 강독』을 덮었을 때 공자님께 배운 것은 '진심'이었다.

차茶선생님이신 장산 모정원의 유향 선생님께 친구들과 같이 한 달에 한 번 차를 배운다. 젊은 사람들이 접하기 어려운 차의 종류와 다례를 알려주시려는 선생님의 배려로 시작되었다. 선생님은 손가락 하나하나까지 잡아주시며 차의 세계로 우리를 인도하셨다. 손수 시범을 보이신 행다行茶(차를 내는 방법)는 한 붓으로 그려지는 아름다운 차인茶人의 모습이었다. 선생님께 배운 대로 하지만, 우리는 피노키오처럼 온몸이 삐그덕거리며 관절이 뻑뻑하게 버벅대는 느낌이었다. 내가 나이도 가장 많고 모임의 주체로 있었기 때문에 뒤처지지 않으려고 집에서 연습했다. 선생님께서 많이 부드러워졌다고 칭찬해 주셨다. 다례茶禮의 세계는 세밀하면서 섬세했다. 두 손을 모으는 인사부터 찻자리 예절까지 어느 순간 나의 몸은 반듯해지고 있었다.

오늘 나는 '學而時習之 不亦說乎?'에 대해서 크게 깨달았다. 아침에 꽃차를 우려 남편에게 따라주었다. 지난 여러 번의 다례 수업에서 배운 몸가짐이 저절로 나온 것이다. 다관을 잡은 손에 예가 느껴지고, 소리와 찻물의 양을 절제하며 찻잔에 차를 따른다. "공자님이 말씀하신 것이 이것이구나!" 마음속에 작은 흥분이 일렁인다. 열심히 배우고 연습한 성과가 자연스레 몸에 밴 것이다. 나도 차인으로서 또는 예를 실천하는 사람으로서 오늘 한 발을 내디딘 느낌이다. 예禮는 고차원적인 어떤 예법이 아니고 생활 속에서 드러나는 본질이다. '배우고 익혀 그것이 몸에서 우러나니 얼마나 기쁜가?' 옆에서 공자님이 칭찬해 주는 기분이다.

『논어』를 읽고 나니 무슨 책이든 원전原典을 중심으로 읽어야 그 작품의 가치를 알 수 있음을 다시 느꼈다. 내가 『논어』를 읽지 않았다면 공자에 대해서 형식에 얽매인 책상물림으로 오해했을 것이다. 『논어』 속의 공자님은 마음이 아주 따뜻하고 실용적이며 사람에 대한 배려가 가득하다. 공자의 시대는 주나라의 세력이 쇠퇴하고 제후들이 난립하면서 도道가 무너지고 있었다. 세계의 질서가 파괴되고 힘 있는 자가 으뜸이 되어가는 세상 속에서 공자는 현실 정치에 참여하여 따뜻하고 질서 있게 백성을 잘 돌보는 세상을 만들려 노력하였다. 그러나 후대의 철학자와 정치가들이 자신들의 이익을 위해서 공자의 가르침을 왜곡하여 경직되고 비실용적인 사상으로 만드는 바람에 공자는 오해받았다. 조선의 많은 정치가 역시 철저히 본인의 이익을 위한 정치를 했고, 그것은 공자께서 그토록 경계한 소인小人의 길이었다. 이 시대의 정치가들이 『논어』를 정독한 후, 현대 사회에 맞게 재해석하여 국민을 위한 정치를 하면 좋겠다.

『논어』를 한 번 읽는 것으로 만족하지 않고 가장 잘 보이는 곳에 두어 항상 공자님의 말씀을 가슴에 담아야겠다. 여러 번 우려내도 진한 향과 맛이 전해지는 차처럼, 공자의 말씀은 읽을수록 진한 향이 난다. 가을볕이 좋은 오후에는 진한 볏짚 향이 배어나는 보이차를 우리련다. 오늘 내가 "學而時習之 不亦說乎?"의 참뜻을 깨달았듯이, 다음에는 "欲訥於言而敏於行.(욕눌어언이민어행)"의 의미를 깨우치고 익혀서 '말은 과묵하게 하고 행동은 민첩하게 할' 수 있는 날을 기대한다. 하루에 한가지씩 공자님 말씀을 가슴에 담는다.

(2023. 11)

호메로스를 만납니다

 운명이 바뀌는 순간이 있다. 결혼이 그랬고, 딸을 가졌을 때 그랬고, 아들을 낳았을 때 그랬다. 좁은 시각은 점점 넓어졌고, 마음도 넉넉해졌다. 오랫동안 썼던 안경을 벗고 라식수술을 했을 때도 인생이 달라지는 기분을 느꼈다. 깎여 나간 각막만큼 나의 시야도 넓어졌다. 그리고 호메로스를 만나면서 나는 또 새로운 세상의 문을 열었다.

 어렸을 때부터 그리스·로마 신화를 좋아했다. 그리스 열두 신부터 영웅들, 괴물들 이야기에 흠뻑 빠졌다. 호메로스의 『일리아스』와 『오뒷세이아』라는 이름의 책도 읽었다. 그러나 내가 읽었던 책들은 이름만 일리아스이고 오뒷세이아였다. 원전 『일리아스』와 『오뒷세이아』는 천여 쪽 분량에 트로이아 전쟁의 막바지 일부만 담고 있지만, 어려서 읽은 책들은 얇은 두께에 트로이아 전쟁 십 년 전체를 담은 요약본이었다. 그러다 십여 년 전에야 제대로 된 원전 번역본을 읽었다. 고대 그리스어를 번역한 천병희 교수님의 『일리아스』와 『오뒷세이아』이다. 2,800여 년 전에 일어난 전쟁에 참여한 수많은 영웅과 병사들, 그리고 신들까지 등장하는 거대한 서사시이다 보니 나에게는 너무 어려워서 한 장도 넘기지 못했다. 다행히 서양 고전학자 강대진 선생님의 강의를 통해 한 줄 한 줄 설명을 들어가며 완독할 수 있었다. 『일리아스』는 새로운 세상을 보여주었다. 호메로스는 서사시에서 신들을 내세우고 있지만, 주인공은 신이 아니고 인간이다. 호메로스는 사람이 어떻게 살아야 명예로운지 『일리아스』와 『오뒷세이아』에서 노래한다.

호메로스에서 강조되는 여러 덕목 중에서 내가 꼽은 최고의 덕목은 '참는 마음', 즉 '절제'이다. 고대 그리스의 서사시나 비극은 끊임없이 인간의 오만과 절제를 주제로 한다. 오만은 '히브리스hybris', 절제는 '소프로시네sophrosyne', 미망은 '아테ate'라는 이름으로 신격화되었다. 그리스인들은 신격화된 이런 감정들을 숭배하며 오만이 마음속에 들어오는 것을 경계했다. 『일리아스』는 오만과 절제의 대립이다. 여신의 아들인 아킬레우스는 끊임없이 절제하는 모습을 보여준다. 그런 그도 결국 오만함을 이기지 못해 친구인 파트로클로스를 잃었다. 인간의 아들인 아가멤논(그리스군 대장)과 헥토르(트로이아 왕자)는 인간의 감정을 그대로 대변한다. 그들은 승리가 보이면 오만해지고, 지고 있으면 실의에 빠진다. 일희일비하는 평범한 우리의 모습 그대로이다. 『오뒷세이아』에서 오뒷세우스도 난폭한 구혼자들이 차지한 그의 궁전에서 모욕을 참아가며 절제한 끝에 기회를 잡아 그들 모두를 물리치고, 궁전과 가족을, 그리고 자기 자신의 이름과 명성을 되찾았다.

『일리아스』를 읽으면서 배운 것 중의 다른 하나는 적절한 '보상'이다. 아킬레우스가 분노한 것은 자신에게 보상으로 주어진 브리세이스라는 시녀를 아가멤논이 빼앗았기 때문이다. 인간에게 보상은 명예의 문제이고 적절한 보상이 주어져야 더 열심히 최선을 다할 수 있다. 나는 『일리아스』를 읽은 후에 아이들을 키우면서 특별한 것에 대해서는 적당한 보상을 주기 시작했다. 그것은 칭찬일 수도 있고, 간식일 수도 있고, 용돈일 수도 있다. 그러면서 당연한 것들이 매시간 특별해졌다.

『일리아스』가 누렇게 될 때까지 읽고 또 읽었지만, 여전히 책을 펼치는 순간 새로운 호메로스를 만난다. 새롭게 다가오는 구절이 있고, 다시 보이는 영웅들이 있다. 『일리아스』는 한 쪽씩 넘길 때마다 새로운 세상이 열리는 입체적인 책이다. 생활이나 사람 관계에서 간혹 막다른 길을 만났을 때, 『일리아스』를 펼치면 비록 해답은 없어도 막연한 안개가 걷히는 기분이다. 이것이 고전의 힘인가 보다. 예전에는 고전이란 그냥 아주 오래된 옛날 책인 줄 알았다. 그런데 다시 보니 古典은 '오래된 가르침'이다. 수천 년의 세월 속에서도 공감할 수 있는 인류 보편적 진리가 담겨 있기에 시간이 지나도 존경받고, 모든 시대의 모범이 된다. 서양 문학의 맏머리에 호메로스가 있다. 가끔 빅토르 위고에게서, 괴테에게서, 카잔차키스에게서, 보르헤스에게서 호메로스를 발견한다. 그럴 때면 정말 온몸에 전율이 인다. 마치 나도 길고 긴 호메로스의 제자 명단 끝에라도 서 있는 기분이다.

오늘 밤에도 호메로스를 만난다. 책날개가 낡고 너덜너덜해진 나의 스승은 오늘도 나와 만나기 위해 현대로 시간 여행을 오신다. 공손한 자세로 스승을 기다린다.

(2023. 10)

노인에 대하여

명절 연휴에 캄보디아에 갔다. 들뜬 마음으로 비행기를 예약하고, 일정을 짜고, 고속열차도 예매했다. 기다리고 기다리던 시간은 어느새 다가왔고, 짐을 챙겨 부산역으로 향했다.

큼직한 여행 가방이 세 개나 있어서 승강기를 기다리는데, 한 할아버지가 "이 기차를 타려면 이짝에서 타는 것이 맞능교?"라고 물었다. 흰 종이에 커다랗게 열차 번호와 객실과 좌석 번호가 쓰여 있었다. 아마도 추석을 맞이하여 역귀성을 가시는 듯, 서울 자녀분이 누리집에서 차표를 예매하고 좌석 번호만 불러주었던 모양이다. 남편이 우리랑 같은 기차라고 말하며 함께 승강기를 타고 내려왔다. 할아버지에게 이 끝으로 가서 2호차를 타시라 다시 한번 말씀드리고 우리는 우리 객차에 탔다. 자리에 앉으러 가는데 이번엔 노부부의 대화가 들린다. 가방은 위로 올리면 된다는 둥. 얼핏 보니 20리터 정도의 여행 가방이었다. 가끔은 친절이 상대방에게는 괜한 참견으로 느껴질 수도 있어서 잠시 머뭇거리다 자리로 향했다. 막 앉으려는데, 할아버지가 그제야 가방을 올리려 한다. 딱 봐도 힘에 부친다. 후다닥 가서 가방을 올려드렸다. 꽤 무거웠다. 노부부는 고마워했고, 나는 자리에 돌아왔다. 딸이 작은 목소리로 중얼거린다. 뭐라고? 뭐라고? 아이의 혼잣말이 너무 작아 두 번이나 물은 끝에야 들린다. "엄마랑 아빠는 잘 도와주는 것 같아." 예상하지 못한 말에 놀라기도 하고 기쁘기도 했다. 부모가 한 행동을 유심히 보고 이렇게 말해 준 딸이 고마웠다.

언젠가 지하철에서 훈훈한 모습을 보았다. 지하철을 놓치지 않으려 빠른 걸음으로 계단을 내려가는데, 앞에 허리가 굽은 할머니가 달팽이만큼 느리게 걷고 있었고, 그 뒤에 대학생쯤 될법한 젊은이가 같은 속도로 걸으면서 할머니를 보호하였다. '참 착한 손자구나' 싶었는데, 할머니가 지하철에 오르자, 청년은 다른 칸에 탔다. 아마도 청년은 모르는 할머니를 보호하면서 느리게 걸었나 보다. 그 훈훈한 모습은 나의 머리에 강하게 남았다. 바쁨을 핑계로 주변을 살피지 않고 다녔던 내가 부끄러웠다. 그때부터 주변을 살피기 시작했다. 그랬더니 도움이 필요한 노인들이 많이 보였다. 그 뒤로는 길을 가면서도 노인들을 살펴본다. 혹시 어려움이 있을까 하는 마음으로. 길을 헤매고 있는 것은 아닌지, 무언가 불편하지는 않은지…. 잠시 그들을 바라본다. 노인들이 겪는 어려움은 아주 단순하다. 대체로 길을 못 찾거나 무거운 물건을 들고 있다. 작은 도움에 노인들은 아주 고마워했고, 나도 뿌듯했다. 어느 순간 그런 행동은 습관이 되었다. 그리고 공감 주문도 더해졌다. 우리 부모님도 노인이다. 내가 길에서 노인들에게 도움을 주듯이, 우리 부모님도 도움이 필요한 순간에 누군가의 도움을 받길 바라는 마음이다.

급변하는 사회 속에 노인이 변해가는 세상을 따라잡기는 너무 어렵다. 우리 사회가 변하는 속도는 화살보다 빠르다. 이제 음식 주문은 무인 안내기가 받고, 궁금한 것은 스마트폰이 대신한다. 천연덕스럽게 참말 거짓말 아무 말이나 해대는 AI 챗봇까지 등장했다. 나도 적응하기 힘든데, 노인들은 오죽할까. 게다가 우리 사회는 약자를 배려하는 사회에서 점점 멀어지고 있다. 노인들에게 꼰대, 나잇값 못하는…. 이런 수식어 붙이기를 주저하지 않는다. 외국인, 장애인, 성소수자, 어린이는 물론 지역감정에도 여전히 혐오가 쏟아진다. 심지어는 남자는 여자를, 여자는 남자를 비난하는 말을 서슴없이 한다. 갈라치기의 끝은 어디일지 걱정이다. 이런 사회 속에서 누가 자유로울까. 서로에 대한 공감과 배려가 절실하다.

노인들에게는 지혜가 가득하다. 반백 년 이상 살아오면서 삶의 나이테가 그려져 말씀 한마디 한마디에 지혜가 담겨 있는 경우가 많다. 게다가 우리도 모두 노인이 된다. 젊은이들은 현재의 활기 넘치는 탄력에 그 사실을 망각한다. 나도 한때는 그랬다. 오래전에 인기가 있었던 상황극 『지붕 뚫고 하이킥』에서 이순재는 김자옥과 결혼사진을 찍으러 갔다. 노인이 결혼 예복을 입은 모습에 젊은이들이 막 웃었다. 이순재는 그들에게 말한다. "너희는 안 늙을 줄 아냐." 그때는 노인의 황혼 결혼을 희화화한 장면에 같이 웃었다. 뭘 그렇게 요란스럽게 결혼 예복을 입어야 하나 생각했지만, 이제는 그런 내 생각에 고개를 숙인다. 머리가 검든 희든 창의적인 생각을 하면 모두 젊은이다. 피부에 주름살이 생기고 내장은 하나씩 고장 신호를 보내지만, 마음은 항상 팔팔한 청춘이다.

딸의 격려 한마디에 하루가 행복하다. 누가 보고 칭찬해 주기를 바라는 행동은 아니었지만, 딸이 칭찬해 주니 더 보람 있다. 옆을 가린 경주마는 빨리 달릴 수는 있지만, 산이 푸르고, 하늘이 파란 것을 보지 못한다. 우리 아이들도 너무 앞만 보고 가지 말고 옆을 둘러보며 느리게 걷길 바라는 공감 주문을 하나 더 얹는다.

(2023. 9)

비움과 채움의 미학

 '사각사각' 연필을 깎는다. 온 우주가 연필 끝에 집중된다. 첫발을 떼는 아기의 발처럼. 잠시 일 초라도 딴생각하면 여지없이 뚝 부러지고 만다. 일상에서 이루어지는 일 중에 가장 섬세한 작업이다. 고요한 그 시간이 좋다.

 오래전에 연필 인물화를 배웠다. 급하고 얼렁뚱땅한 성격 탓인지, 수강생 중에서 가장 못 그렸다. 연필은 깎다 보면 수시로 부러졌고, 연필 깎느라 그림에 집중도 못 했다. 세밀하게 바탕을 깔아야 함에도 비가 내리듯 빗금이 그어진 내 그림을 보며 강사는 한숨을 쉬었다. 형편없는 실력에도 불구하고 삼 년간 일주일에 한 번씩 꼬박꼬박 배우러 다닌 나도 대단하다. 서당 개 삼 년이면 풍월을 읊는다더니, 삼 년간 꾸준히 배운 덕분에 조금씩 늘었고, 지금도 그림을 그린다. 다른 수강생들은 초반부터 잘 그려서 스스로 만족하며 일찍 그만뒀다. 나는 그들보다 더뎠지만, 연필을 잡는 힘이 오래오래 내 몸에 밸 때까지 열심히 다녔다. 연필을 깎아야 하는 불편함은 오래가지 않았다. 연필을 너무 못 깎는 나를 처량하게 여긴 강사가 좋은 자동 연필을 추천했고, 자동 연필을 쓰다 보니 연필 깎는 일에서 해방되었다. 역시 신문물은 참 좋다. 첫아이를 임신하면서 오랫동안 다니던 인물화 반을 그만두었는데, 아쉬움이 남아 태교로 오드리 헵번을 그리며 연필 인물화를 이어갔다.

아이들을 낳고 키우면서 오랫동안 그림을 그리지 못했다. 아이들이 좀 자란 후에야 다시 자동 연필을 잡을 여유가 생겼고, 내 아이들이나 친구 아이들 얼굴을 그려주곤 했다. 어느 날 자동 연필로 그려진 그림을 보고 있노라니, 가느다란 심 특유의 번들거림과 깊이가 없는 검은색이 눈에 거슬렸다. 그때부터 다시 연필을 깎기 시작했다. 다시 시작한 연필 깎기는 신세계였다. 우려했던 것보다 잘 깎았다. 아이를 낳고 키우면서 조급하고 덤벙대는 성격이 차분해진 것도 한몫했다. 연필을 깎는 순간은 무아지경의 상태에 빠진다. 오로지 연필만 바라보며 뾰족하게 깎는다. 마치

전장에 나서는 장수를 위해 대장장이가 뾰족한 창을 만들듯이. 오늘도 아들 얼굴을 그리려고 연필을 깎다 보니 행복하다. 연필은 비우고, 종이는 채운다. 그림은 비움과 채움의 미학이다.

타계하신 한국 추상화의 거장 박서보 화백의 전시회에 다녀왔다. 박서보 화백이 돌아가시기 전 수개월간 찍어둔 KBS 「다큐 인사이트」를 본 것이 계기가 되었다. 화가라고는 교과서에 나오는 화가만 알았고, 추상화의 세계는 너무 어려워 눈길도 주지 못했다. 그런 나였으니, 화백의 이름도 처음 듣고, 단색화가 무엇인지도 몰랐다. 하지만 아흔이 넘은 나이에도 눈빛을 반짝이며 면담하는 박서보 화백의 모습에 끌려 끝까지 보았다. 단색화는 가끔 서양의 모노크롬과 같이 이야기된단다. 「다큐 인사이트」는 '서양의 모노크롬이 형태와 색채를 절제해 하나의 색으로 작가의 의도를 표현하는 미니멀 아트라면 단색화는 표현의 예술이 아니라 생각의 예술, 여기에 차별점이 있다', '생각을 토해낸 것을 이미지화하는 것이 서양미술이라면 단색화는 작가의 반복된 행위를 통해 작가의 정신이 투영되는 것'이라고 한다. 정리하면 모노크롬은 채움의 그림이고, 단색화는 생각을 토하는 비움의 미학이다. 또한, 6·70년대 군사독재 시절에 침묵시위를 벌이던 것처럼 단색화는 화가들이 끊임없는 반복적인 작업으로 자기를 비우며 저항하는 의미를 담았다고 한다. 방송을 통해 설명을 들어도 비움, 저항 이런 의미를 모르겠다. 한두 가지의 색깔을 사용한다는 공통점 말고는 모노크롬Mono chrome과 단색화Dansaekhwa의 차이점에 대해서는 알기 어려웠다. 마침 부산 달맞이에서 박서보 화백의 전시가 있었다. 부랴부랴 그 단색화란 것을 직접 보러 다녀왔다. 박서보 화백이 남긴 단색화를 눈으로 보고 있노라니 방송에서 말하던 비움의 의미가 느껴지며 내 마음도 텅 비워지고 차분해졌다.

단색화 중에서도 박서보 화백의 묘법描法은 더더욱 비우고 또 비운다. 노구의 화가는 헤아릴 수 없이 많은 팔뚝질로 그가 가진 욕심을 내려놓는다. 화백은 어린 자녀가 열 칸 공책을 쓰는 모습에서 묘법에 착안하였단다. 네모 칸 안에 한 글자씩 써넣어야 하는데, 네모 칸 밖으로 삐죽 나온 글자를 연필로 빗금을 그으며 지우는 모습에서 화백은 체념과 포기를 찾았다. 박서보 화백은 젊은 시절부터 진부한 미술 국전을 거부하고, 새로운 화풍을 찾기 위해 도전하며, 젊은 화가들에게 기회를 주려고 노력했다. 번번이 벽에 부딪혔지만, 화백은 좌절의 순간에도 언제나 용수철처럼 벌떡 일어났다. 세상일에서 물러난 화백은 비로소 그림에만 몰두하면서, 끊임없이 생기는 마음속 욕망을 포기와 체념으로 다스렸다. 보고만 있어도 마음이 비워지는 그림 앞에 남편이 해석을 덧붙인다. "바탕색 노랑은 평화와 풍요를, 주색인 회색은 겸손과 절제와 균형을 뜻해. 가로의 구멍수는 동양에서 완전수라 여겨지는 아홉 개이며, 세로의 구멍수 열둘은 12궁도, 12달, 12시간 등으로 알 수 있듯이 우주의 운행을 의미해. 가로 9, 세로 12, 그렇게 생긴 108개의 구멍은 인간의 108 번뇌를 상징하며 이 그림을 통해 화백은 자신의 번뇌를 다 비우고 우주의 안녕과 평화를 염원한 것 같아. 괜찮은 해석이지?" 그림 문외한인 남편의 즉석 해설은 꽤 멋있었다.

위대한 화백의 정신이 담긴 그림을 보아서일까. 점점 깎여가는 연필 톱밥과 흑연 가루에서 희열을 느낀다. 절대 부러뜨리지 않겠다는 마음으로 온 정신을 집중한다. 마음속의 고민도 그 순간에는 비운다. 눈도 깜빡거리지 않고 숨을 고르며 칼끝만 바라본다. 사각사각. 미세하게 칼끝이 연필과 겹치는 소리만 들린다. 이제 마음과 연필도 비웠으니 하얀 도화지에 수십 가지 색을 더한다. 아직은 아들을 닮은 듯, 안 닮은 듯. 수십만 번의 선이 면을 채우면서 점점 아들을 닮아가리라.

(2023. 12)

한여름의 Book 콘서트

윌리엄 셰익스피어에 빠진 적이 있었다. 비극에 울고, 희극에 웃었다. 지금 다시 읽는다면 비극에 더 큰 울림을 얻겠지만, 어렸던 그 시절에는 행복한 결말이 좋았다. 주인공들은 작은 촌극에 빠져 허우적거리며 위기를 맞지만, 다행히 잘 벗어났다. 『햄릿』의 대사인 "죽느냐 사느냐? 그것이 문제로다"보다 "반짝이는 것이 모두 금은 아니다"라는 『베니스의 상인』에 나오는 대사가 더 와닿았다. 『한여름 밤의 꿈』에서 주인공들은 사랑에 목숨을 걸었지만, 한바탕 꿈을 꾸고 난 후에 모든 것이 제자리를 찾았다. 셰익스피어의 비극에는 마녀가, 희극에는 요정이 숨어있듯이, 『한여름 밤의 꿈』도 요정 왕과 퍽의 장난이었고, 모두에게 좋은 결말이다.

시낭송가이자 작가인 이숲오는 두 번째 작품으로『꿈꾸는 낭송 공작소』를 출간했다. 지난 여름에 잘 읽었다.『꿈꾸는 낭송 공작소』는 우리가 놓치기 쉬운 것들에 의미를 부여한다. 길거리 낭송가 소년은 시 낭송 대가인 노인을 만나 낭송에 대해 배운다. 처음『꿈꾸는 낭송 공작소』을 읽었을 때는 소년과 노인에 작가가 투영되었다고 보았다. 소년은 시 낭송가인 이숲오 작가의 과거이고, 시낭송 모임 <시치미詩治美>의 리더는 이숲오 작가의 현재이며, 노인은 미래라고 생각했다. 하지만 일 년이 지난 지금 다시 읽는『꿈꾸는 낭송 공작소』에는 노인은 없다. 노인은 단지 소년의 꿈이다. 소년이 한여름 밤에 꿈에서 만난 '퍽'이다. 그러고 보니 제목에도 '꿈'이 암시되어 있다. 좋은 책은 읽을 때마다 다르게 해석되던데,『꿈꾸는 낭송 공작소』는 확실히 좋은 책인가 보다. 세 번째 읽는다면 또 어떤 느낌으로 다가올지 기대된다.

이숲오 작가는『꿈꾸는 낭송 공작소』의 열두 개의 목차를 열두 달로 나누어 매달 세 번째 토요일에 책담회를 한다. 일곱 번째 목차는「느리게 느리게」이다. 그래서 7월 책담회의 주제는 '느림'이다. 작가는 우스갯소리로 오늘의 주제는 '느림'인데 가장 빠른 고속열차를 타고 부산에서 서울에 왔다며 나를 소개했다. 책담회에 참석하기 위해 나는 아침부터 빠르게 움직였다.

『꿈꾸는 낭송 공작소』의 7장은 노인이 소년에게 쓰는 손 편지로 시작한다. 잉크를 채워서 쓰는 만년필로 노인의 경험과 생각을 흰 종이에 써 내려간다. 편지를 쓰는 도중에도 가끔 만년필을 내려놓고 생각에 잠긴다. 완성된 편지는 등기가 아닌 보통 우편으로 보낸다. 편지는 소년에게 잘 전달되었고, 소년도 편지로 답장을 보낸다. 두 사람 사이에 오간 편지들 가운데 중요한 구절은 '천천히 가는 것을 염려하지 말고, 멈추는 것을 두려워하라'이다.

이 시대에는 '느림'은 쓸모없는 것이 되었다. 사람들 사이에서 '빠름'에 의해 소외되었다. 하지만 '빠름'은 나를 바로 볼 수 없다. 고속열차는 시속 300km로 달린다. 눈 깜짝할 사이에 굉음을 내며 고속열차의 열 칸이 내 눈앞에서 사라진다. 고속열차 안에 타 있어도 마찬가지이다. 창문 너머 들판은 순식간에 변한다. 그 사이에 생각이 비집고 들어갈 틈이 없다. 반대로 '느림'은 나와 마주하는 시간이다. 나에게 집중하고 자연을 바라본다. 7장의 보통 우편으로 보낸 편지는 '느림'의 대명사이다. 시간을 두고 전해지는 편지의 행간에서 따스함이 보인다.

책담회는 아이들과 함께했다. 좋은 자리에서 받는 온화한 느낌만이라도 가지면 좋겠다는 바람으로 같이 참가했다. 아이들에게

『꿈꾸는 낭송 공작소』를 읽으라고 작년부터 권했으나 학업과 다른 책에 밀려 미처 읽지 못하고 책담회에 참석하여 사실 작가에게 미안했다. 걱정과 다르게 다행히 아이들은 집중해서 잘 들었다. 딸은 특히 아기가 '무려 삼천 번의 넘어짐을 겪어야 비로소 걸을 수 있다'는 구절이 인상적이었다고 말한다. 요령 없이 열심히 공부해야 하는 아이가 진심 어린 노력에 대해 터득한 듯하다. 딸은 연필을 깎는 것이 즐거움이라는 참가자들의 말에는 의아해했다. 나도 최근에야 연필을 잘 깎게 되어 딸의 생각을 이해한다. 딸은 후다닥 『꿈꾸는 낭송 공작소』 7장을 읽어내더니 재미있다며 맨 앞으로 돌아가 1장을 넘겼다.

책담회는 두 시간 넘게 흥미롭게 진행되었다. 글과 목소리로만 만나던 이숲오 작가를 실제로 만나서 좋았고, 따뜻하게 챙겨주는 선물에 감동하였다. 줄기차게 앞만 보고 달려온 시간이었다. '느림'에 대해서 생각하면서도 여전히 멈추지 않고 빠르게 살았다. 『꿈꾸는 낭송 공작소』 책담회를 통해 진짜 '느리게' 살아야 하는 이유를 생각한다. 기념사진도 찍고 참석자들과 반갑게 인사도 나누고 나오는 길에 아이들의 얼굴을 '천천히' 바라본다. 아이들의 눈동자에도 내가 보인다. '느림'은 서로를 마주 바라보는 것이다. 한여름의 추억이 쌓인다.

(2024. 7)

 독서수필

꿈꾸는 낭송 공작소 – 이숲오

오래전 어느 늦가을에 해인사의 산사체험에 참가했었다. 이틀의 일정이었고, 부담되지 않는 계획표였다. 두 번째 날의 첫 일정은 새벽 네 시에 시작한다. 어둠에 잠든 고요한 가야산을 스님이 힘찬 북소리로 깨웠다. 내려앉는 눈꺼풀을 들어 올려 조용히 합장하고 북소리에 귀를 기울였다. 잠시 고개를 드니 하늘 아래 바로 내 눈앞에 북두칠성이 선명하게 보였다. 짙푸른 하늘에 박힌 별이 일곱 개의 보석처럼 빛났다.

새벽하늘에서 보았던 북두칠성처럼, 『꿈꾸는 낭송 공작소』에도 보석이 촘촘하게 박혀 있다. 북두칠성이 옛사람들의 길라잡이이듯, 『꿈꾸는 낭송 공작소』는 지금을 사는 사람들에게 길라잡이 책이다. 이숲오 작가는 성우이며, 시 낭송가이며, 시 낭송을 강의한다. 작가의 약력이나 제목만 보았을 때는 이 책의 내용이 단순히 낭송에 관한 이야기라고 생각했다. 하지만 『꿈꾸는 낭송 공작소』는 낭송 이상을 담았다.

이숲오 작가는 시와 시낭송과 인생에 대한 통찰이 뛰어나다. 이 세 가지가 훌륭하게 어우러져 독자에게 깊은 울림을 준다. 많은 울림 중에서 북두칠성 일곱 개의 별처럼 일곱 개의 소감을 간추려 본다.

1. 『꿈꾸는 낭송 공작소』에 등장하는 세 명의 주인공은 모두 이숲오 작가이다. 소년은 이숲오 작가의 과거이고, 시낭송 모임 <시치미詩治美> 리더는 이숲오 작가의 현재이며, 노인은 이숲오 작가의 미래이다. 그래서 등장인물은 이름이 없다. 노인이 자신의 기록을 소년에게 남기듯, 이숲오 작가는 『꿈꾸는 낭송 공작소』를 남긴다.

2. 노인의 질문을 통해 우리는 삶의 좌표를 그린다. 우리는 가장 많이 하는 질문이 '어떻게'이다. 어떻게 하면 공부를 잘하나요? 어떻게 하면 돈을 잘 버나요? 어떻게 하면 좋나요? 하지만

'왜'라는 질문이 배제된 '어떻게'는 그저 뜬구름 잡기이다. '왜' 공부를 잘해야 하는지, '왜' 돈을 잘 벌어야 하는지, '왜' 좋은지에 대한 고민이 없다. 그래서 작가는 이렇게 말했다. "이는 마치 기초 공사를 부실하게 한 건물의 균열에 약간의 시멘트로 땜질을 하는 것과 같습니다."

3. 적절하게 스며드는 비유는 이미지로 형상화되면서 이야기가 영화처럼 머릿속에 그려지게 한다. 예를 들면 사람들로 빽빽한 지하철을 설명할 때, 이숲오 작가는 이렇게 표현했다. '팽팽한 스프링이 장착된 동전 케이스에 동전을 밀어 넣듯 소년은 지하철에 올랐다.' 가장 좋은 소설은 글로 읽어도 영화처럼 보이는 소설인데, 『꿈꾸는 낭송 공작소』가 그런 작품이다.

4. 작가는 언어유희의 천재이고, 단어의 어원과 쓰임에 대해 탁월하다. 『꿈꾸는 낭송 공작소』를 읽으면서 단어의 유래에 대해 더 생각하게 되었고, 언어유희를 통해 단어를 더 깊이 바라보게 되었다. 그것은 단어에 대한 사랑이며 결국 그 단어를 쓰는 나에 대한 사랑이다. 유명한 시낭송가인 이숲오 작가는 시낭송을 이렇게 표현하였다. '詩낭송 = 時현재성 – 始처음 – 示관찰 – 施나눔 – 是진실' 시낭송에 대한 철학적 깊이가 없다면 이런 다섯 가지의

언어유희는 나오지 않을 것이다.

5. 공자의 『논어』와 아리스토텔레스의 『시학』을 통해 고대부터 내려오는 詩에 대한 철학을 담았다. 『논어』의 「계씨」에서 공자는 아들 백어에게 '시'를 공부하느냐고 물었고, 아직이라고 답하니 공자가 "말을 할 수 없다"라고 한 부분을 인용했다. 작가는 노인의 말을 통해 공자가 시를 중요하게 여긴 것은 '시는 감성의 첨단에 위치한 언어'이기 때문이라고 했다. 감수성은 공감력이고 소통 능력이라고 작가는 강조한다. 또한 작가는 『시학』에서 시낭송의 미학을 찾았다. '시인의 체험을 낭송가의 목소리에 담아 청자로 하여금 동일한 체험을 가지게 한다'라며 카타르시스로 표출되는 시낭송의 미학적 가치를 강조하였다. 이런 구절들이 마침 내가 『논어』와 『시학』을 읽은 후라서 더 반가웠을지도 모르겠다.

6. 좋은 시의 소개는 『꿈꾸는 낭송 공작소』를 더 돋보이게 한다. 김소월의 「진달래 꽃」은 물론 에드거 앨런 포의 「에너벨 리를 찾아서」 등 익숙한 시가 있어서 편안하다. 그리고 프리드리히 휠덜린이나 요제프 어틸러를 통해 낯설지만, 유럽 거장의 시를 배울 수 있어서 좋았다. 게다가 몽테뉴의 「수상록(Essais)」 서문을

소개한 것은 수필을 쓰는 나로서는 매우 반가운 내용이었다.

7. 현재를 선물 받은 우리에게 살아있음이 얼마나 큰 기쁨과 환희인지 일깨워준다. 노인은 친구의 죽음을 슬퍼하지만, 그를 위해 시를 녹음하면서 오히려 희망을 품고 삶에 애착을 느낀다. 우리는 하루하루를 소진한다. 현재(present)는 잠시 머물며 이내 곧 과거가 된다. 작가는 새롭게 반복되는 현재가 얼마나 큰 선물(present)인지『꿈꾸는 낭송 공작소』를 통해 말한다.

보석이 촘촘히 박힌 왕관처럼『꿈꾸는 낭송 공작소』에는 좋은 구절이 정말 많다. 내 책에도 붙임 딱지가 촘촘하게 붙여져 있다. '한여름의 이야기'인『꿈꾸는 낭송 공작소』에 담겨 있는 것은 '한 편의 인생'이다. 정해진 길을 가기보다는 '나의 길'을 가라고 말한다. 에움길(빙 둘러서 가는 길) 속에 햇살도 만나고 구름도 만나고 비도 만난다. 우리는 그 속에서 성장한다.

02
현재에서 과거로

흰머리와 함께 살기

거울을 보니 흰머리 하나가 삐죽 솟아있다. 검은 머리 사이에 힘을 주고 서 있는 흰머리 한 가닥이 보기 싫다. 왜 흰머리는 송곳처럼 빳빳하게 서서 얌전하게 누운 검은 머리카락 사이에서 돋보이려고 할까. 예전이라면 단숨에 뽑아버렸을 텐데, 그렇게 자꾸 뽑다 보면 그 자리에 휑한 구멍이 생긴다니 참는다.

친정엄마는 일찍 흰머리가 나기 시작했다. 내가 흰머리 하나에 십 원씩 받으며 엄마 머리카락을 재빠른 손놀림으로 뽑을 때가 초등학생이었으니 그때 엄마는 삼십 대였다. 친정엄마가 흰머리가 많은 이유는 가족 내력이다. 외할머니와 외할아버지는 일찍 머리가 하얘졌다. 친할머니는 여든일곱에 돌아가실 때까지 귀밑

머리만 희끗거렸을 뿐 윤기 나는 검은 머리카락을 가졌다. 할머니의 유전자는 친정아빠를 거쳐 나에게 내려온 줄 알았다. 아직도 흰머리가 하나도 없는 친정 아빠를 보며, 내가 노인이 되면 멋부리기 위해서 흰머리로 탈색해야겠다는 오만한 생각도 했다. 그런 마음에 찬물을 끼얹듯 요즘엔 흰머리가 자꾸 눈에 띈다.

처음에는 흰머리를 애써 부정하며 족집게로 뽑아냈다. 그렇게 한두 뿌리씩 캐면서 몇 달간은 흰머리에서 달아났다. 어느 날부터는 흰머리가 보이자 딸에게 뽑아달라고 했다. 옛날 생각이 나서 호기롭게 흰머리 하나에 백 원씩 현상 수배를 걸었다. 사십여 년의 물가상승률도 있지만, 흰머리가 앞부분에 서너 개밖에 없을 거라 여겼기 때문에 열 배를 걸었다. 딸은 엄마 머리카락을 가지고 놀 수 있어서, 또 노다지를 캘 수 있다는 생각에 신났다. 딸아이가 만져주는 손길이 좋다. 나른하게 꿈속을 거닐게 하는 부드러운 손이다. 처음에는 머리카락을 동서남북 폭풍이 지나가듯 헤집으면서도 흰머리를 못 찾았다. 어렸을 때 내가 했던 것처럼 밭고랑을 넘기듯이 찾으라니 그새 논두렁에서 피사리 뽑듯이 흰 머리카락을 잘도 뽑아냈다. 앗싸 한 개, 앗싸 또 한 개. 딸은 콧노래를 부르며 백 원씩 늘어가는 용돈에 즐거워했다. 엎드려 누운 내 입가에는 슬며시 미소가 나왔다. '딸아, 이제 없을 거야.' 그런데 흰머리를 계속 찾아냈다. 머리 앞부분에만 몇 개 있는 줄 알았는데, 뒤통수에서도 흰머리가 제법 나왔다. 그날 딸의 소득은 흰머리 열한 개, 천백 원이었다.

　머리카락을 살살이 만져주는 딸의 손길이 좋다. 그사이에 잠깐 잠이 달콤하게 쏟아진다. 잠결에 친정엄마가 생각났다. '엄마도 일부러 흰머리를 뽑게 했을까. 봄날의 여린 고사리 같은 손으로 쓰다듬어주는 그 느낌이 좋아 흰머리에 용돈을 걸고 그것을 핑계 삼아 계속 머리카락을 만지게 한 것은 아닐까.' 농사짓느라 하루가 고단했던 엄마였으니 딸 손길에 달콤한 잠을 자고 싶었을지도 모르겠다. 내가 중학생이 된 후부터 친정엄마는 더 이상 흰머리를 뽑지 않고 염색했다. 그때는 흰머리가 많아져서 그러신 줄 알았는데, 지금 생각해 보니 친구랑 노느라 바쁜 내가 더는 엄마의 머리카락을 만져주지 않아서일까. 엄마가 되고 보니 친정엄마의 모습에 내가 투영되어 여러 가지 해석을 하는 습관이 생겼다.

　늦은 나이에 낳았어도 젊은 엄마들 사이에서 키워서 나도 젊은 엄마인 줄 알았는데, 흰머리가 자꾸 생기는 것을 보니 나이를 많이 먹긴 먹었다. 자세히 보니 흰머리만큼 얼굴에 주름도 많이 늘었다. 그런데 신기하게 주름은 익숙하다. 흰머리처럼 갑자기 눈에 띄는 것이 아니고 거울을 볼 때마다 눈에 익어서 그런가 보다. 아니면 젊은 시절부터 눈주름 세 개와 함께 지내서 그럴 수도 있겠다. 때로는 웃는 주름이라서 좋다고 자화자찬도 한다. 그러면서 눈가에 화장품을 듬뿍 바르는 나를 보며 피식 웃는다.

흰머리와 주름을 보며 어떤 노년을 맞을 것인가 고민한다. 항상 청춘일 줄 알았는데, 중년도 벌써 지나 장년의 나이가 되었다. 장년은 그냥 오십 대라기보다는 청년과 노년의 경계에서 아름다운 노년을 준비하는 시기이다. 지금부터 서서히 습관과 생각을 다듬어 나가야 할 때이다. 인생은 나이의 속도로 달린다고 하더라. 이제 시속 50km의 속도로 살게 되었으니 꽤 빠른 속도이다. 안전운전은 도로에서나 인생에서나 꼭 필요하다. 몸은 토끼처럼 달리지만, 마음은 거북이처럼 천천히 간다.

다시 거울 속의 나를 본다. 흰머리가 몇 개나 솟았는지 자꾸 찾는다. 그러다 이내 웃는다. 앞으로 동고동락할 사이인데 너무 미워하지 말아야겠다. 아직 날은 더워도 가을은 가을인가 보다. 점점 나무에서는 빛바랜 이파리가 떨어지고 바닥에는 낙엽이 뒹군다. 지금의 내 모습과 겹친다. 점점 더 앙상하고 뻣뻣한 겨울나무처럼 되겠지. 하지만 나무는 봄이 되면 연두색 새싹을 틔우고, 꽃을 피우고, 초록으로 풍성하게 몸짓을 키운다. 나무처럼 젊음이 반복될 수 없지만, 노년에 풍성한 열매를 맺을 수 있도록 다양한 씨앗을 마음에 뿌리련다.

(2024. 9)

전화기는 꺼져있고

발걸음을 재촉한다. 거친 호흡을 내쉬며 식당 문을 열고 들어갔는데 남편이 없다. 내가 주차를 하는 사이 먼저 가서 음식을 시켜놓기로 했었다. 어찌 된 영문인지 통 모르겠다.

남편에게 전화를 건다. 신호음은 연결되었는데 전화를 받지 않는다. 또 전화를 건다. 통화가 연결되었을 때, 전화기 너머 목소리는 남편이 아니었다. 통화 기계음이 "전화기가 꺼져있습니다"라고 말한다. 불과 십 분 만에 무슨 일일까. 남편과 헤어진 곳으로 찾아갔다. 혹시 사고를 당했을까? 아니면 누가 납치했을까… 머릿속은 별의별 생각으로 뒤죽박죽이다. 그러나 헤어진 장소에는 아무런 일이 없다. 구급차도, 쓰러진 사람도 없다. 다시 식당에 간다. 혹시 남자 한 명 왔냐고 물으니 안 왔다고 말한다. 십오 분 동안 나는 시장사거리에서 미친 사람처럼 정신을 놓고 돌아다녔다.

팔다리가 꽉 묶인 기분이다. 머리는 점점 하얘지고 있다. 결국 남편의 직장 방향으로 걸어가기로 했다. 무슨 일이 없다면 점심시간이 끝날 즈음 직장에는 나타나겠지. 희망이라고는 하나도 없는 발걸음으로 터덜터덜 걸어갔다. 등 뒤에서 갑자기 귀에 익은 목소리가 들린다. "여보!" 남편은 내가 생각했던 곳과는 다른 식당에서 고개를 내밀고 나를 부른다. 귀신에 홀린 얼굴로 남편을 보니 남편은 성이 약간 나 있다. 음식이 다 식는데 아내는 나타나지 않고 심지어 정신 나간 얼굴로 식당을 지나가고 있어서 놀랐단다. 너무 황당하고 너무 기가 막히고 너무 슬프고 너무 기쁘니 눈물도 나지 않는다. 이 어처구니없는 소동은 내가 식당 이름을 잘못 알아들어서 벌어진 일이다. 코다리 식당을 해물찜 식당으로 착각했다. 한번 나간 정신은 잘 돌아오지 않는다. 먹는 둥 마는 둥 코다리만 야속하게 보며 밥을 먹었다. 내 실수지만, 얼빠진 내 얼굴에 남편이 나를 위로한다. 서둘러 정신을 차린다.

누군가와 엇갈려 길을 놓치는 것은 나에게 마음의 커다란 멍이다. 아마도 초등학교 이 학년이었을까. 친구를 따라서 시내의 큰 교회에 처음 갔다. 집 근처로 우리를 데리러 오는 교회 버스를 타고 갔는데, 집으로 돌아오는 버스는 타지 못했다. 그렇게 많은 사람은 그때 처음 보았다. 아홉 살 어린이가 경험해 본 최초의 북새통이었고, 결국 친구도 잃고 버스도 놓쳤다. 길 잃은 어린 양이 되어 매애매애 울며 걸어갔다. 어린 아이가 울고 있으니 시장의 상가 아저씨가 왜 우냐고 물었고, 집을 잃어버렸다고 대답했다. 친절한 아저씨는 우리집에 전화를 해주셨다. 아빠는 단숨에 오셔서 나를 데리고 가셨다. 또 이런 적도 있었다. 그때는 초등학교 사 학년 때인데, 엄마와 함께 버스를 타고 시내의 큰 시장에 갔다. 돌아오는 시내버스에 엄마는 타고 나는 못 탔다. 다행히 열 한살이라고 인지능력이 있어서인지 버스노선대로 빙 둘러서 집에 돌아왔다. 이 두 번의 기억은 보이지 않는 커다란 생채기가 되었다. 그 뒤로 어디를 가든 위치를 알아두는 습관이 생겼다. 아이들을 키울 때도 내 눈은 아이들에게서 한 번도 떨어진 적이 없다. 놀이터에서 다른 아이 엄마들이랑 이야기할 때도 내 시선은 항상 아이들을 향했다.

오늘 남편이 증발해 버린 십오 분은 무한대의 시간이었다. 이것은 모순이다. 나는 내가 집을 잃어버린 것처럼 남편을 찾아 헤맸다. 순간 아홉 살 어린이가 되어 있었다. 잊었던 어린 시절의 두려움이 되살아나 나를 콕콕 찔렀다. 길을 잃어버린다는 것, 헤어진다는 것, 혼자 남겨진다는 것은 세상에서 가장 슬픈 일이다. 마침 그리스 고전 『오뒷세이아』를 읽고 있어서인지 오뒷세우스의 처지가 이해되었다. 트로이아 전쟁을 승리로 이끌고 마침표를 찍은 영웅이지만, 집으로 돌아오는 길은 험난했다. 그가 가는 길에는 폭력과 유혹이 열두 번이나 반복되었으나, 헤매고 헤맨 끝에 드디어 그는 집에 도착했다. 오뒷세우스가 아들과 아내와 아버지와 재회하면서 『오뒷세이아』는 행복하게 끝맺었다.

또 이런 영화도 있다. 장이머우 감독의 중국영화 『오일의 마중』이다. 중국 문화대혁명 시절 대학교수 루옌스는 반국가 인물로 수배되어 도망치는데, 딸 딘딘이 주연배우를 시켜준다는 꼬임에 빠져 아버지를 밀고했다. 공안이 루옌스를 잡아가는 모습을 보고 부인인 평안위가 말리다가 머리를 다쳐 기억을 잃었다. 평안위는 남편이 떠나면서 했던 말, "5일에 돌아오겠다"만 기억한다. 아버지를 미워한 딘딘이 아버지 사진을 모두 찢어버려서 평안위는 십수 년 만에 돌아온 남편을 알아보지 못하고 5일만 되면 남편을 기다리려 역으로 향한다. 평안위의 머리가 하얘지도록 시간이 흘렀지만, 여전히 루옌스는 평안위를 데리고 5일마다 역으로 나가면서 영화가 끝난다. 『오뒷세이아』와 다르게 『오일의 마중』의 결말은 쓸쓸하다. 오늘 나는 남편을 기다리는 평안위에게 감정이입이 되었다.

여름의 뙤약볕에서 십오 분을 헤맸지만, 그래도 바로 남편을 만날 수 있어서 다행이다. 시원한 음료로 목을 축이면서야 이야기해보니 내가 단단히 잘못 알아들었다. 나는 '맛있다'라는 말만 기억했고, 최근에 맛있게 먹은 해물찜 식당으로 갔던 것이다. 하필이면 전화기의 전원이 꺼져서 이 사달이 났다. 전화라는 문물을 너무 믿었다. 아직 휴대전화가 없는 아들과 약속할 때는 꼼꼼하게 한다. 혹시 시간과 장소가 엇갈려 만나지 못하는 일이 없도록 말이다. 하지만 스마트폰 세상에서는 점차 사람들의 의식이 느려지는 것이 느껴진다. 약속 장소도 대충 듣고, 약속 시간도 늦는다. 그저 전화나 문자로 "나 좀 늦어"라고 말하면 끝이다. 생활의 편리 속에서 우리는 전화기에 너무 예속된 것은 아닐까. 전화기를 잃어버리면 일상이 마비된다. 이 똑똑한 전화기 하나에 모든 것이 담겨 있다. 어쩌면 이번 소동도 휴대전화가 꺼져서 더 큰 혼란을 느꼈을지도 모르겠다. 만약 식당에 남편이 없었다면 남편이 한 말을 곰곰이 생각했을 텐데, 전화까지 이내 전원이 꺼져버리니 어린 시절의 기억이 소환되면서 차분하게 생각할 겨를도 없이 계속 꺼진 전화기에 전화를 걸며 사방팔방 다녔다.

오래전 "또 다른 세상을 만날 때 잠시 꺼두셔도 좋습니다"라는 통신사 광고가 있었다. 어떤 거창하고 대단한 세상은 아닐지라도 잠시 전화기를 꺼놓는 연습이라도 해야겠다. 손바닥만 한 똑똑한 세상에 종속되기 전에.

(2023. 7)

딸의 첫 번째 독립

딸이 손톱을 깎는다. 거리낌 없이 손톱을 깎는 모습이 낯설다. 십삼 년 동안 아이의 손톱은 항상 내가 깎아 주었는데, 아이의 자연스러운 행동에 '딸이 벌써 다 컸구나' 느낀다. 엄마 껌딱지로 모든 일에 엄마를 찾던 아이이다. 딸이 점차 내 품을 조금씩 떠나고 있다. 편해졌다는 생각보다 허전한 마음이 먼저 든다.

연년생 남매를 키우면서 반복되는 육아에 지칠 때가 있었다. 그럴 때마다 언제 커서 이런 일들을 스스로 하게 될까 생각했다. 엄마 손이 많이 필요했다. 아이들은 항상 껌딱지처럼 옆구리에 하나씩 붙어 있었다. 나에게도 쉼이 필요했지만, 쉽지 않았다. 둘이 함께 잘 놀다가도 엄마를 찾는다. 그럴 때는 이 순간이 빨리

지나가기를 바라면서도, 그 순간이 지나면 오래오래 내 품 안에 있으리라 생각했다. 영원한 엄마 껌딱지일 거라는 순진한 생각은 아이들이 사춘기가 되면서 착각이라는 것을 알았다.

큰아이는 올해 중학교에 입학했다. 자유학년제라는 이름으로 학교에서 온갖 즐거움을 누린다. 학교에서는 선생님들의 철저한 관리 속에 아이들이 스스로 할 수 있도록 돕는다. 예를 들면 현장체험학습을 갈 때 목적지까지 아이들 스스로 가야 하는데, 선생님들은 도착지 정류장부터 곳곳에 계시며 아이들이 길을 잃지 않도록 안내한다. 최종 목적지까지 가는 것은 학생들의 중요 임무이다. 물가에 아이를 내놓은 심정이었지만, 생각보다 딸은 스스로 잘 해냈다. 병아리가 엄마 닭을 따라가는 것과 같이 학교 안에서 모여 줄지어 출발하던 초등학교 시절이 끝난 것이다. 어린이와 청소년의 차이에 새삼 놀란다. 한 뼘 커진 키만큼 마음도 한 뼘 커졌다. 아이는 많은 것에서 독립을 시도한다.

딸은 중학생이 되더니 잠자리를 독립했다. 십삼 년 동안 부모와 한 이부자리를 덮고 자던 아이였다. 아이는 엄마가 불러주는 자장가가 좋다며 밤마다 불러달라고 했었다. 그런 딸이 내가 마음의 준비를 할 겨를도 없이 갑자기 자기만의 잠자리를 찾았다.

'설마, 그렇게 쉽게 엄마랑 떨어질까' 생각했는데, 아이는 그 뒤로 안방에 돌아오지 않았다. 미처 정리하지 못한 장난감이 가득한 방에서 뽀로로 매트에 이불을 깔고 덮고 그렇게 잤다. 아침이면 이부자리를 깔끔하게 개고 나온다. 딸의 첫 번째 독립은 순식간에 이루어졌다. 침대가 없으면 한 번쯤 자러 오겠거니 기대하며 약속한 침대 장만을 차일피일 미루었다. 하지만 아이는 꿋꿋했다. 드디어 침대를 들이던 날, 딸의 잠자리 독립을 인정했다. 딸의 방은 이제 청소년에 어울리는 방이 되었다. 어린 시절부터 모아온 장난감을 이제야 정리했다. 옷장에는 교복이 걸리고 책상이 놓였다. 방은 언제나 깔끔하다. 나의 손은 전혀 필요가 없다. 딸은 미래를 향해 나아가는데, 나만 과거를 붙잡으려 했나 보다. 아이에게 불러주던 <섬집아기>는 이제 듣는 이가 없고, 토닥토닥해주던 내 팔은 할 일이 없다. 마음 한쪽에 허전이 쌓인다.

딸은 매일 자란다. 키도 쑥쑥 자라고, 말도 자란다. 이제 어린이에게 볼 수 없는 성숙함이 있다. 어린이와 청소년의 경계 속에서 가끔은 어린 아이로 보다가는 당황하는 일이 생긴다. 교우관계에서 노파심에 한마디 거들다가 "내가 알아서 할게"라는 말에 할 말을 잊는다. 스스로 할 수 있는 것이 많은데, 아직도 내 손이 필요하다고 착각하나 보다.

언젠가 라디오에서 들었던 청소년 전문가의 말이 생각난다. 그는 부모를 유람선에 비유했다. 모든 것이 다 갖추어진 편안하고 안전한 유람선도 좋지만, 아이는 작은 배를 타고 거센 파도를 즐기기를 원한다고 조언했다. 가끔은 배보다 더 위험한 뗏목을 타는 것도 좋단다. 아이들은 한바탕 짜릿한 파도와 위험한 파도를 동시에 겪은 후에 다시 유람선, 즉 부모에게 돌아와 휴식을 취한 단다. 이 말을 듣고 보니 어렸을 적의 텔레비전에서 보았던 『빨간 머리 앤』의 한 대목이 생각났다. 앤과 친구들은 냇가에 있는 나룻배를 보고 죽은 공주 역할 놀이를 한다. 앤은 백합 공주 일레인이 되어 나룻배에 죽은 척 누워 있고, 친구들이 배를 떠나보낸다. 그러나 그 배에는 구멍이 뚫려 있어 이내 나룻배에는 물이 차기 시작한다. 마침 그곳을 지나던 길버트가 앤을 구해주지만, 친구들은 가라앉는 배를 보고 앤이 진짜로 죽은 줄 알고 대성통곡하다가 살아있는 앤을 보고 다시 기뻐하며 웃는다.

자그마한 배에 탄 청소년기의 아이들은 이렇게 모험을 즐기고 이겨낸 위험에 웃는다. 아이들이 여러 가지 체험을 하도록 도왔지만, 안전을 이유로 많은 걸 제약하는 엄마였다. 이제 아이들이 인생이라는 대양을 항해할 수 있도록 더 많은 자유를 주어야겠다. 위험한 순간을 맞닥뜨리기도 하겠지만 그런 실패와 극복의 과정을 통해서 조금씩 성장해 가리라 믿는다.

  깔끔해진 딸의 손톱을 보며 서운한 감정을 내려놓고 다른 희망을 찾았다. 아이가 더 자라면 같이 손톱에 이쁜 장식을 해야겠다. 손톱에 색깔을 칠해 본 횟수는 손으로 꼽지만, 딸과 함께라면 그 시간이 즐거울 것 같다. 딸에게 잘 깎았다고 칭찬한다. 이제 앞서 가는 안내자보다는 옆에서 같이 가는 동행자를 꿈꾸며 딸의 눈을 보며 눈짓한다.

(2023. 6)

피아노 콩쿨장에서 기다리며

운동장 계단에 앉았다. 작년에 첫째가 콩쿨에 참가한 적이 있어서 운동장은 익숙함에서 오는 편안함을 준다. 오늘은 십 년의 피아노 연습에 마침표를 찍는 날이다. 지난 십 년의 노고가 주마등처럼 눈앞을 스쳐 간다. 둘째 아이는 봄부터 피아노 두 곡을 열심히 연습했다. 드디어 오늘 결과물을 가지고 부산예술중학교 콩쿨장에 들어갔다.

남편과 나는 음치다. 부모의 노래에 대한 자신감 부족은 아이들에 대한 염려로 이어졌다. 첫 아이를 임신했을 때, 텔레비전에서 야마하 음악교실의 광고를 봤다. 선생님이 피아노를 연주하고 어린 아이들이 "도레미파 솔라파 미레도…."를 노래한다. 뒤에서 엄마는 흐뭇하게 아이를 바라본다. 우리 부부는 단박에 광고에 매료되었고, 반드시 저곳에 보내겠다고 생각했다. 첫째가 다섯 살이 되었을 때 체험 수업을 듣고 나서 바로 등록했다. 그때부터 나의 고난이 시작되었다. 야마하 음악교실의 분원이 많지 않았지만, 다행히 마을버스 타고 지하철 타고 그렇게 삼십여 분 가면 되는 곳에 있었다. 다섯 살 난 딸을 데리고 일주일에 한 번씩 마을버스와 지하철을 타고 늦으면 업고 뛰면서 음악교실에 다녔고, 또 끝난 후에는 둘째 어린이집 하교 시간이라 열심히 뛰어서 집으로 돌아오곤 했다. 시간에 쫓기는 마음은 항상 지하철을 통째로 들고 달리는 기분이었다.

처음에 야마하 음악교실은 다섯 명으로 시작했다. 그중에서 우리 아이가 제일 힘들어했다. 지금 생각해 보면 다섯 살짜리 아이가 등받이도 없는 의자에 어떻게 한 시간을 앉아 있을 수 있겠는가. 나머지 아이들은 여섯 살, 일곱 살쯤이었다. 아이가 잘하고 재미있어야 다니고 싶은 마음이 생기지 않을까 해서 온 가족이 노래를 함께 연습했다. 점차 딸도 음악교실 수업에 적응해 갔다. 그렇게 두 학기가 지났을 때 나머지 네 명은 그만두고 우리 아이만 남았다. 처음에 재미있어하던 아이들은 흥미를 잃었고, 그것을 이해하지 못한 엄마와 불화가 생겨 그만둔 것이다. 개인 지도로 아이는 두 학기를 더 다녀 일 년을 마쳤고, 부산으로 이사하는 바람에 서울 학원을 그만두었다.

부산으로 이사할 때 가장 먼저 알아본 것이 야마하 음악교실이었다. 다행히 부산 유일의 학원이 가까운 거리에 있었다. 지하철을 타지 않아도 되는 것에 기뻐하며 바로 등록했다. 매주 수요일이면 아이를 데리고 야마하 음악교실에 걸어 다녔다. 다음 해에는 둘째 아이도 등록했다. 점차 피아노 비중이 높아지고 어설프게 작곡도 배우며 서울의 야마하 콘서트에도 참가했다. 조금씩 늘어나는 실력에 감탄도 잠시, 기나긴 코로나19가 시작되었다. 결국 부산 야마하 음악교실은 문을 닫았다. 이제 피아노가 손에 익나 했는데, 폐원이라니…. 아쉬움만 남았다. 다행히 야마하 선생님이 방문 수업으로 두 아이의 수업을 이어가 주셨다. 두 아이의 특성을 잘 잡아준 선곡으로 아이들의 피아노 실력은 매일 깊어졌고, 듣기도 좋았다.

작년에 부산예중 콩쿨에 대한 소식을 들었다. 선무당이 사람 잡는다는 속담에 선무당이 꼭 나였다. 아이의 연주 소리도 좋고, 6학년이라 이제 피아노도 마무리해야 할 것 같고, 이런 콩쿨에 참가하여 유종의 미를 거두면 좋을 듯했다. 준비 시간이 너무 짧아 난감해하는 선생님과 아이를 설득해서 콩쿨을 준비했다. 두 달이라는 짧은 시간에 두 곡을 완성해야 했다. 아이는 바흐와 모차르트에 빠져서 허우적댔고, 목에 틱이 생겼다. 선생님의 노력과 아이의 강행군으로 실력은 월등히 좋아졌지만, 오랜 시간 준비한 아이들에 밀려 결과는 참가에 의미를 둬야 했다. 지금이야 나아져서 한시름 놓지만, 한 번씩 목을 돌리는 아이를 볼 때마다 '모르면 무식하구나' 싶은 생각에 매우 미안했다.

둘째 아이는 자연스럽게 콩쿨 준비를 일찍 시작했고, 오늘이 콩쿨이 있는 날이다. 남자아이라 손에 힘이 더 들어가고 오랫동안 준비한 덕에 연주 소리에 여유도 있어서 입상을 살짝 기대한다. 하지만 입상을 못 해도 서운해하지 않으련다. 아이는 긴 시간 동안 미치도록 바흐와 모차르트를 연습했기 때문이다. 그리고 오늘 콩쿨이 끝나면 피아노 수업도 끝난다. 둘째도 곧 중학생이 될 터라 이제 피아노를 마무리해야 할 때가 되었다.

첫째 아이는 또래보다도 손가락에 힘이 없고 손이 작아 어른 손 크기의 피아노 건반이 부담되었다. 항상 다른 아이보다 더뎠다. 노래를 잘했으면 하는 마음에서 시작한 야마하 음악교실이다. 이것도 무지에서 온 오산이었다. 야마하 음악교실은 노래가 아닌 악기가 중심이었다. 그러나 결과적으로 십 년 동안 한 번도 그만두지 않고 피아노 연습을 한 덕에 음정도 좋고 화음도 좋고, 제법 노랫소리도 좋다.

야마하 음악교실과 피아노를 위해 길에서 보낸 햇수가 팔 년이다. 콩쿨을 준비할 때는 선생님의 학원이 있는 울산까지도 다녔다. 콩쿨은 나와 아이들이 십 년간 만든 노력의 산물이다. 여기에서 내가 얻은 교훈은 시작이 엉성하다 할지라도 최선을 다하고 오랫동안 노력하면 결국은 단단한 나무가 된다는 것이다. 이제 무슨 일이든 자신감이 생긴다. 공자는 『논어』에서 이렇게 말했다. "知之者不如好之者, 好之者不如樂之者. (지지자불여호지자, 호지자불여락지자)" 이 말은 '무언가를 아는 사람은 그것을 좋아하는 사람만 못하고, 좋아하는 사람은 즐기는 사람만 못하다.'라는 말인데, 나는 여기에 더 큰 것을 보탠다. "樂之者不如久之者(락지자불여구지자)". '즐기는 사람도 오래 하는 사람을 이길 수 없다.' 피아노 건반을 쿵쿵 치던 다섯 살 아이는 이제 손가락을 우아하게 움직이며 쇼팽을 연주한다. 아무리 좋아하고 즐겨도 짧은 시간 내에 끝냈다면 나올 수 없는 결과이다. 무엇이든 처음에는 어렵고 재미가 없다. 하지만 꾸준히 한다면 점차 쉬워지고 또 재미가 붙는다. 피아노를 통해 아이들은 지속해 노력하는 법을 배웠다.

피아노 연주 실력만큼 값진 결과이다.

콩쿨이 끝나가는지 저학년부터 결과가 발표되기 시작한다. 환희의 웃음 소리와 아쉬움의 탄식 소리가 들린다. 우리 아이도 이름이 불리는 영광을 누리길 바란다. 설사 순위에 들지 않더라도 칭찬받기에 충분히 연습한 아이지만, 아이의 노력에 어떤 성과물이 있으면 좋겠다는 작은 바람을 담아 두 손을 모은다.

아들은 입상하지 못했다. 하지만 연습하는 동안 아이의 실력은 수직으로 상승했고, 노력의 가치를 깨달았다.

(2023. 9)

함께 텔레비전 보는 시간

- 1단계 - 뽀로로 크롱 에디 포비 해리, 로디 폴리 로이 엠버 헬리, 타요 로기 라니 가니
- 2단계 - 또봇 친구들, 카봇 친구들, 터닝메카드 친구들, 겨울왕국 친구들
- 3단계 - 피카추 꼬북이 파이리 팽돌이… 포켓몬 친구들
- 4단계 - 에스쿱스 정한 도겸 디노 승관 호시 원우 우지 조슈아 민규 버논 디에잇 준

아이들을 키우면서 외운 이름들이다. 아이를 키우는 집이 그렇듯 거실 매트는 뽀로로가 있고, 생일 케이크는 폴리와 엠버였고, 타요를 보기 위해 타요가 그려진 시내버스*를 일부러 타곤 했

---

* <꼬마버스 타요>는 서울 시내버스에서 영감을 얻어 제작된 우리나라 만화영

다. 꼬꼬마이던 시절에 아이들의 최고의 친구들은 뽀로로와 폴리와 타요였다. 아이들이 자라면서 이름을 알아야 하는 친구들이 많아졌다. 변신 자동차 친구들은 이름이 어려워 외우는데 애먹었다. 특히 터닝메카드에 이르렀을 땐, 등장 자동차가 너무 많아서 이름을 외우다가 멀미가 날 뻔했다. 끈질긴 아들은 장난감 하나하나를 나에게 보여주며 이름을 알려주었다. 나도 악동 기질이 발동되어 역으로 아들에게 그리스·로마 신화의 신들을 외우게 했다. 일대일로 하나씩 이름을 교환했다. 그 덕인지 아들은 그리스·로마 신화의 그 많은 신들을 모두 꿰었다. 예닐곱 나이 때는 포켓몬스터에 빠져들었는데, 그때부터 아예 외우려는 시도를 포기하고 피카츄 말고는 모르쇠로 일관했다. 그리고 지금 중학생 아이들은 남자 아이돌 <세븐틴>에 빠졌다.

겨울방학 동안 우리 집에는 '세븐틴 시간'이 있었다. 아이들은 일과를 열 시까지 마치고 잠자리에 들면 다음 날 한 시간 동안 유튜브 영상인 <Going Seventeen>을 볼 수 있었다. 방학을 핑계로 너무 늦게 자길래 빠른 잠자리를 위한 당근으로 세븐틴을 볼 수 있게 해주었다. 옆에서 같이 보기도 하고 듣기도 하다 보니 열세

화로 <꼬마버스 타요>가 방영하던 2013년쯤 서울의 시내버스에는 타요의 그림이 그려졌다.

명의 구성원 이름을 다 외웠다. 자랑삼아 이야기하니 이제 사람과 이름을 연결해서 맨날 물어본다. 저 사람은 누구야? 저기 저 사람은 누구야? 엄마가 관심 가져주니 좋은가보다. 나도 아이들과 나눌 것이 있으니 좋다. 이런 시간은 가끔 나를 어린 시절로 안내한다. 지금 우리 애들이 그런 것처럼, 나도 엄마랑 만화영화를 같이 보았던 좋은 기억이 있다.

어렸을 때 아빠와 엄마는 바쁘게 일하셨다. 엄마는 농사일은 물론, 농한기에는 회사도 다니셨다. 초등학교에 다니던 나는 일요일 아침마다『세계 명작 동화』에서 해주는 만화영화를 열심히 챙겨보았다. 그날은「소공녀 세라」를 했다. 영국 귀족학교의 최고 부자였던 세라는 아버지가 돌아가시면서 천덕꾸러기가 되어 학교의 옥탑방에서 허드렛일하며 지내는 이야기이다. 모처럼 엄마가 여유 있는 날이었나 보다. 엄마는 아침상을 치우고 같이 세라를 보셨다. 그러고는 자꾸 물으신다. 쟤는 누구인데, 왜 저런 데서 있는지, 지금은 왜 그러냐고. 나는 매우 신나서 지나간 세라 이야기를 들려줬다. 아마도 그러고는 엄마에게 물은 것 같다. "엄마도 재밌어?" 엄마는 "응, 엄마도 재밌어"라고 대답하셨을 거다. 엄마와 함께 만화영화를 보던 그날 아침은 행복한 날로 기억된다. 어떠한 특별함도 없었고, 그저 엄마랑 같이 짧은 만화영화를 봤을 뿐인데도.

　공유하고 공감하는 것은 행복이다. 그 순간 엄마와 나는 「소공녀 세라」를 공유했다. 그 행복한 일요일의 기억이 더 연장되지 않은 것으로 봐서는 엄마와 함께 만화영화를 본 것은 「소공녀 세라」뿐인 것 같다. 농사일이란 시간을 기다려주지 않으니 엄마는 항상 바빴다. 그래도 찬란한 그날 아침의 행복은 반짝반짝 빛나는 유리 조각처럼 나의 마음에 새겨졌다. 더불어 「소공녀 세라」는 내가 가장 좋아하는 이야기가 되었다.

　내가 세븐틴 구성원을 제대로 알아갈수록 아이들은 신난다. 고잉 세븐틴이나, 소공녀 세라나 내용이 중요하지 않다. 시간을 공유하며 이야기를 나눈다. 그렇게 만들어진 추억은 다시 재생산되어, 또 다른 이야기와 연결한다. 겨울방학이 끝나고 잠시 <Going Seventeen>과 이별한다. 봄방학에 <나나투어 with Seventeen>으로 다시 세븐틴을 만날 계획이다. 내게 그 짧은 시간이 엄마에 대한 행복한 기억으로 오래 남았듯이, 아이들도 그 세계를 만나는 나를 추억해주기를 바란다.

(2024. 2)

김칫국 한 사발 들이켜니 정신이 번쩍

– 한국사능력검정시험을 치르고

옛날옛날에 중국의 변방에 한 노인이 살았다. 키우던 말 한 마리가 집을 나가 이웃들이 걱정하자 괜찮다고 말하고, 집 나간 말이 다른 말과 함께 돌아오니 오히려 걱정하고, 새로 온 말을 타다가 아들이 떨어지자 또 괜찮다고 했는데, 아들은 다리를 다친 탓에 군역에서 빠졌다…. 여기에서 고사성어 새옹지마塞翁之馬가 탄생했다.

고등학교 한문 시간이었을까, 새옹지마를 통해서 세상에 좋기만 한 것도, 안 좋기만 한 것도 없음을 깨달았다. 좋은 일이 생긴 이후는 잘 모르겠지만, 안 좋은 일이 생긴 이후로는 크고 작게 교훈을 삼아 상황을 개선하여 더 발전할 수 있었다. 그런데 최근에

교만한 마음에 들떠서 잠시 새옹지마를 잊었다.

한국사능력검정시험(한능검) 만점을 맞고 나는 몹시 흥분했다. 칠십 번의 시험 중에 이번이 손가락에 꼽을 만큼 어려웠다고 하니 더 우쭐해졌다. 가족과 친구들의 칭찬이 이어졌고, 마치 이번 시험에 만점을 맞은 사람은 나 한 사람인 것 같은 착각에 빠졌다. 유튜브 매체를 통해 한국사를 강의하는 최태성 선생님의 「별별한국사연구소」에서 만점자 몇 명을 선별하여 <한능검 70회 만점자 동창회>를 한다는 소식에 나는 당연히 내가 초대받을 줄 알았다. 신청 조건 중에 만점 후기 영상이 있길래, 최선을 다해서 필요한 내용을 깔끔하게 만들어 올리고 신청했다. 영상은 만족스러웠고 최태성 선생님이 이것을 본다면 무조건 나를 초대하리라 여겼다. 가족과 친구들은 진담 반, 농담 반으로 별별 연구소에 같이 가주겠다고 너스레를 떨었고 그런 즐거움 속에 나는 더 우쭐해졌다. 금요일 저녁, 유튜브에서 생방송으로 발표한 70회 만점자 동창회 초대 손님 다섯 명 중에 나는 없었다. 식구들은 내 이름이 불리는 순간의 기쁨을 함께하겠다며 같이 보고 있었는데 마지막 다섯 번째 선정자까지 내 이름이 호명되지 않자 갑자기 집안 분위기는 급강하했다. 식구들은 할 말을 잃은 속에서도 나를 위로했다. 나는 애써 태연한 척 괜찮은 척했지만, 너무 심하게 김칫국을 마신 터라 목이 막혔다. 아마도 엄마를 위로하려는 행동이었으리라 생각되는데…. 아들이 내 무릎에 앉으려 하자 나도 모르게 아들의 엉덩이를 찰싹 때렸다. 아마도 내 눈에는 아들이 철없이 엄마의 기분도 살피지 않는 것처럼 보였던 것 같다. 안 그래도 공기가 무거운 집안에는 더 깊은 정적이 흘렀다. 식구들은 당황한 채 나를 바라봤다. 아들은 눈물을 글썽이며 원망 섞인 얼굴로 방으로 가서 침대에 엎드려 울었다. 그 순간 내 잘못을 깨닫고 아들에게 다가가 미안하다며 달래주었지만, 마음의 상처를 입은 아들은 내 사과를 받아주지 않고 계속 울었다. 미안한 마음은 들었지만, 탈락의 충격에서 아직 벗어나지 못한 나는 결국 중간에 달래주는 것을 멈추었다. 딸과 남편에게도 짧게 사과했지만, 솔직히 오늘은 내가 위로받아야 한다는 마음이 먼저 들었다. 칠흑보다 더 짙은 어둠이 집안에 내리깔렸고, 잠도 제대로 못 잤다. 다행히 아침이 되어서 미망迷妄에서 벗어나 가족에게 진심을 담아 사과를 한 번 더 했더니 아들도 마음을 풀었다.

    토요일에는 울산에서 돌잔치가 있었고, 일요일에는 귀한 손님이 초대되어 이래저래 마음과 몸이 바쁜 주말이었다. 일요일 저녁 아홉 시에야 손님이 가시고 남편과 함께 배웅하고 들어오는데, 현관문에 낯선 종이가 붙어 있었다. 뭐지? 하고 문을 열었더니,

우리 앞에 딸이 영상 장비인 척 휴대전화를 들이대며 모습을 찍는다. 마치 진행자처럼 우리를 의자에 안내하더니 <천천 연구소 만점자 동창회>를 시작하는 것이다. 오래전부터 간혹 재미있는 시청각 자료를 만들던 딸이다. 만점자 동창회에 초대받지 못해 실망한 엄마를 위해 실감 나고 재미있는 화면도 만들고, 손 글씨로 별별 연구소를 따라 쓴 선물도 준비했다. 진짜 만점자 동창회는 안 가봐서 비교할 수 없지만, 딸이 마련한 동창회도 속이 꽉 찬 석류처럼 알차고 재미있었다. 나도 울고 남편도 울었다. 지금 글을 쓰는 이 순간도 눈물이 난다. 고마움의 눈물이고, 부끄러움의 눈물이다. 나는 너무 부끄럽고 못난 엄마였다.

언제 준비하고 언제 연습했을까 물어보니 만점자 초대 탈락이 있었던 금요일 밤에 생각했고, 토요일 아침부터 틈틈이 준비했단다. 울산 가는 차 안에서 동생과 상의하고, 역사 문제 맞추기 부분은 동생이 만들었다고 한다. 생각해 보니 아이는 별별 연구소 초대와 관련하여 몇 가지를 물어봤는데, 나는 전혀 눈치채지 못하고 이야기해줬다. 이름이 천천 연구소인 이유는 가족의 성이 千 씨이기 때문이다. 아이는 재치 있게 별별 연구소의 별님을 '천천 연구소의 하늘님'으로 바꾸어 동창회를 진행했다. 매우 행복한 마음에 네 식구가 얼싸안고 감동을 나누었다. 만약에 별별 연구소에 초대받아 갔다면 결코 없었을 천천 연구소 동창회이다. 집 나간 노인의 말이 다른 말을 데려왔듯이 우리 가족에게도 한능검 만점보다 더 큰 추억이 생겼다.

이번 일은 나를 돌아보는 시간이 되었다. 항상 겸손이 최고라고 생각하고 살았었는데, 최근에 좋은 일들이 반복되다 보니 작은 영광에 취해 점점 오만해져서 가족의 기분을 살피지 않았다. 변방의 노인처럼 나쁜 일에 슬퍼하지 않고, 좋은 일에 의기양양하지 않고 물이 흘러가듯이 잔잔하게. 지금의 나에게 교훈이 되는 소중한 시간이다. 아이들의 마음이 나에게 큰 위로가 되었듯이, 나도 아이들에게 더 좋은 엄마, 남편에게 더 좋은 아내가 되겠다고 마음속에 크게 다짐한다.

(2024. 6)

한 장의 이력서

 편의점을 나오는데 진열된 이력서가 눈에 들어온다. 문득 '내가 이력서를 써본 적이 있나?' 기억을 더듬어보니 딱 한 번 있다. 대학원에 다니면서 용돈을 벌까 하고 학원의 사회 강사직에 이력서를 제출했다. 결과는 불합격이었다. 그 뒤로 이력서를 써본 적이 없다. 유일한 직장생활은 대학 박물관 조교였지만, 계약직이라 이력서 제출 없이 추천으로 다녔다. 문득 변변한 직장을 다닌 적이 없는 내 인생이 허무해졌다. 그토록 능력이 없었던 것일까?

 취업 걱정 없이 공부만 하다가 결혼했다. 교사가 되겠다고 시작한 대학원 공부도 끝을 마무리하지 못했다. 부모님은 한 번도 취업에 관해서 이야기하신 적이 없다. 어쩌면 내가 직장에 다니지 않기를 바라셨을지도 모른다. 잘 사는 집 딸이냐고 물을 수도 있겠지만, 나는 전형적인 무쇠 숟가락이고, K-장녀였다. 농사일로 바쁜 부모님은 내가 집안일을 거들기를 바랐고, 점차 동생들 식사, 청소, 빨래는 내 몫이 되었다. 심지어 방학에는 삯일하는 십여 명의 점심 식사 준비도 내가 했다. 수년 동안 집안일을 한 것에 대해 불만은 없지만, 지금 돌이켜보니 아쉽다.

대학에 다닐 때 친구가 꿈이 무어냐고 물었다. 지금 생각해 보니 그 친구는 내가 취업 걱정을 하지 않는 게 궁금했나 보다. 뜬금없는 질문에 나도 뜬금없이 대답했다. '현모양처賢母良妻'가 나의 꿈이라고…. 이름을 남긴 위인의 뒤에는 항상 좋은 아내와 든든한 어머니가 있었다. 아킬레우스에게는 테티스가, 공자·맹자에게는 자식의 공부를 위해 최선을 다하는 어머니가, 카이사르에게는 적절한 교양교육을 시킨 아우렐리아가, 율곡 이이에게는 우리가 다 아는 신사임당이 있었다. 유교적 가르침이 팽배했던 이십 세기에 좋은 엄마가 되는 것은 어쩌면 모두의 희망 사항이기도 했다. 반은 우스갯소리로 대답한 것인데, 지금 나는 '가정주부' 역할에 충실하다. 엄마 손을 거들기 시작하면서 살림에 최적화되었고, 그것은 현재까지 이어진다. 한꺼번에 여러 개의 일을 할 수 있고 식구들을 위해 맛있는 식사를 뚝딱 준비한다. "엄마

음식이 제일 맛있다"라는 아이들의 칭찬은 "누나 김치볶음밥이 제일 맛있다"라고 했던 동생들을 생각나게 한다.

고향에 갔다가 오래간만에 초등학교 동창을 만났다. 친구는 동네 목욕탕집의 장녀였다. 친구의 엄마는 종종 친구에게 목욕탕 계산대를 맡기고 외출하셨다. 지금 돌이켜보면 그 친구와 나는 일하는 엄마들의 숨구멍이었던 것 같다. 우리는 가장 가까이에 살았고, 가장 많이 어울렸다. 친구와 이런저런 옛날이야기를 나누는데, 친구는 내가 동생들 밥을 챙겨주는 것이 이해되지 않았단다. 한참 놀기 좋은 나이에 동생들 식사에 매여 부엌 살림을 도맡아 해서 신기했나 보다. '살림'을 달리 해석하면 '사람을 살린다'라고 볼 수 있다. 따뜻한 밥 한 끼는 뱃속을 든든하게 영양을 주기도 하지만 정서적으로도 튼튼하게 한다. 아마 우리 옛사람 누군가 그런 의미로 가정일을 '살림'이라고 하지 않았을까. 살림에 열성이라 지금도 한 끼 밥이라도 새로 안치고, 아이들이 좋아하는 요리를 즐겨한다. 요리는 참 즐겁다. 정성껏 준비해서 이쁘게 상차림하고 식구들의 칭찬을 들으며 먹는 음식이 꿀맛이다. 어제도 아이들이 좋아하는 빠에야를 만들어 맛있게 먹었다.

내가 이런 생활을 쭉 이어간 것과 마찬가지로 친구의 삶도 똑

같다. 목욕탕 계산대에서 계산하던 손은 결혼 후에 옷 가게를 거쳐 창업한 맥주 가게에 집중했다. 친구는 잠시 경제적 고비가 있었지만, 지금은 고향에서 성공한 사업가이다. 그녀와 그녀의 남편이 밤낮없이 노력하여 이룬 성과는 이제 누구도 범접할 수 없는 미다스의 손이 되었다. 내가 가족의 음식 준비로 바쁘듯이, 친구는 매일 매출을 계산하느라 바쁘다. 분명 청춘의 꿈도 있었고 미래도 꿈꾸었지만, 그때의 일이 뿌리가 되어 지금 울창한 나무가 된 것에 서로 웃었다.

가끔은 일하는 친구들이 부럽다가도 지금 내가 가정에 집중할 수 있어서 좋다. 여전히 마음속에 현모양처를 품고 있나 보다. 편의점 매대 아래에 깔린 이력서 한 장이 이렇게 꼬리에 꼬리를 물어 나의 젊은 시절을 관통한다.

텅 빌 것 같은 이력서에 학력 이외에도 두 줄은 채울 수 있게 되었다. 수필가 등단과 시인 등단이다. 원고 청탁을 받으면 책상 앞에 앉아 머리를 쥐어짜게 되지만, 이력서에 쓸 두 줄이 생겨서 뿌듯하다. 보낼 곳 없는 이력서지만, 다음에 편의점에 가면 이력서와 자기소개서를 사야겠다. 나의 인생을 하얀 종이에 담아 나의 고객인 아들과 딸에게 부치련다.

(2024. 10)

소나기가 내리면

'투두둑' 소나기가 날카롭게 창문을 두드린다. 소나기란 원래 갑자기 내리기에 우산을 준비하지 못하면 당황스럽다. 시계를 보니 아이의 하교 시간이 곧이다. 부랴부랴 우산을 가지고 교문 앞으로 간다. 소나기 내리는 오후에 아이를 데리러 학교에 가는 모습. 이것은 내가 바라는 이상적인 엄마이다.

엄마는 내가 초등학교에 다니는 동안 우산을 들고 오신 적이 없다. 소나기가 내리는 하굣길에 엄마를 기다렸다. 저 멀리 교문에서 엄마의 우산이 보이길 얼마나 기다렸는지 모른다. 지나가는 소나기이길 바라며 비가 그치길 기다리지만, 강철못처럼 쏟아지는 소나기는 멈출 기세가 아니었다. 결국 가방으로 머리를 가리고 집으로 달렸다. 하늘에 구멍이 난 듯 쏟아지던 소나기는 신기하게도 매번 집에 도착하기 전에 멈췄다. "조금만 더 기다렸으면 좋았을 텐데." 소나기는 그쳤어도 나는 이미 물에 빠진 생쥐 꼴이다. 강철비는 나의 몸만 젖게 한 게 아니라, 나의 마음에도 단단하게 박혔다. 집에 도착하면 엄마는 거의 안 계셨다. 엄마는 논에 일하러 가셨다. 한편으로 이해하면서도 아쉬운 마음이 드는 것은 어쩔 수 없다. 이런 유년 시절을 보냈기에 소나기가 싫었다. 어떤 사람은 가끔 비를 맞고 걸으면 기분이 좋다고 하는데, 나는 잘 동감하지 못한다. 그 말을 듣는 순간 나는 이미 물에 빠진 생쥐 꼴이 된 어릴 적 모습이 떠올라서 기억만으로 온몸이 섬뜩하게 차가워진다.

어른이 된 이후로는 길에서 소나기를 만나면 비가 그치길 기다리든지, 아니면 우산을 사든지 한다. 절대로 비를 맞고 걷지 않는다. 딱 한 번, 내 인생에 일부러 비를 맞은 적이 있다. 그건 부부싸움을 하고 난 다음 날의 일이었다. 운동을 하고 나오는 길에 소나기를 만났다. 다니던 곳에서 우산을 빌려도 되지만 그날은 비를 맞고 싶었다. 남편에게 시위해야겠다는 생각이 앞섰다. 비에 젖은 옷가지를 현관에 보란 듯이 두었다. 남편이 들어오다가 현관 앞에 놓인 젖은 옷가지를 보고 놀랐다. 남편은 십수 년의 결혼생

활에서 한 번도 본 적 없는 상황에 당황했다. 부부싸움은 칼로 물 베기라지만, 그날은 내가 이겼다. 하지만 승리보다 차가운 비의 느낌에 더 이상 비를 맞고 싶은 생각은 없었다.

지금은 엄마에게 서운한 것이 없다. 농사일에 바쁜 엄마가 자식들 셋을 비가 올 때마다 데리러 올 수는 없었을 게다. 비에 젖으나, 노느라 땀에 젖으나, 엄마 눈에는 똑같았을 것이다. 아이를 키우면서 엄마를 이해하게 되었다. 희미하게 남아 있던 유년 시절의 기억은 그렇게 나의 육아와 겹쳐서 희석되었지만, 살짝 아쉬움은 남았다. 내 아이들에게는 그 아쉬움 대신 추억을 남겨주고 싶었다. 아이들이 우산 없이 등교한 날에 소나기가 내리면 아이들을 데리러 갔다. 날카롭던 소나기가 조금씩 따뜻해졌다.

요즘은 일기예보가 하루가 아니고 시간 단위로 나온다. 아이들을 학교에 보내기 전에 오늘 날씨를 확인한다. 햇빛 차단제를 바르게 할지, 우산을 가지고 가게 할지 날씨를 챙긴다. 참 좋은 세상에 산다. 가끔 오전에 잠깐 내린다는 비가 오후까지 이어지던가, 예보에 없던 소나기가 내릴 때면 당황스럽다. 서둘러 우산을 가지고 간다. 두 발이 빠르게 나를 학교로 데려다준다. 집에서 학교까지의 거리는 십 분이다. 소나기 내리는 날의 십 분은 한 시간처럼 멀게만 느껴진다. 마치는 종이 울리기 전에 도착하여 안도의 숨을 짧게 내쉰다. 미어캣처럼 고개를 쭉 빼고 아이들의 모습이 보이길 기다린다. 그때 내 마음은 행복으로 충만하다.

캐나다 영화『그을린 사랑』은 이런 구절로 시작한다. '유년기는 목구멍의 칼과 같아서 쉽게 뽑을 수 없단다.' 어렸을 때는 아무렇지도 않았던 일이 어른이 되었을 때 예기치 못한 아픔을 줄 때가 있다. 기억조차 희미한 일인데, 어느 순간 그 기억은 생생하게 되살아난다. 마음에 난 생채기의 기억은 지울 수 없나 보다. 어루만지고 덧대며 함께 살아가는 수밖에. 마치 소나기 내리는 날의 우산처럼.

차가운 비를 맞던 생쥐 꼴의 기억은 아직 남아 있지만, 이제 가끔은 소나기가 내리면 오히려 반갑다. 설레는 마음으로 아이들을 데리러 학교에 간다. 나를 보고 반갑게 손 흔드는 아이들을 보며 우산을 내민다. 아이도 웃고 나도 웃는다. 나란히 걷다 보니 비가 그친다. 집으로 돌아오는 발걸음이 가볍다.

(2022. 6)

나의 뒷배는 엄마

서랍을 여니 무심하게 놓여 있는 낯익은 반지가 눈에 들어온다. 누런 반지에는 '건강'이라고 쓰여 있다. 반지에 새겨진 주문처럼, 나는 건강하다.

반지는 대입 시험이 백일 남았을 때 엄마가 맞춰 주신 것이다. 그 반지는 만지는 대로 휘어지고 쉬 닳는 24K 순금이다. 금은방 사장님이 반지 안에 글씨를 써 주시겠다며 "합격"이라고 써넣을까요? 물었지만 엄마의 대답은 "건강"이었다. 대입 시험 백 일 전, 사장님도 의아하고 나도 뜻밖이었던 그 순간. 엄마는 망설이지 않고 "건강을 써주세요"라고 다시 말씀하셨다. 사장님은 반지 안에 '건강'을 써넣어 주셨고, 나는 누렇게 번쩍이는 황금을 손가락에 자랑삼아 끼고 다녔다. 그래서일까? 지금 나는 참 건강하다. 반지가 생긴 뒤로 아픈 적이 없다. 엄마의 바람이 통했다.

어렸을 때 자주 아팠다. 태어날 때부터 영아산통은 기본이고, 배앓이도 자주 하여, 꼬꼬마 때부터 한약을 자주 먹었다. 심하게 탈이 나면 아빠는 나를 업고 여러 번 버스를 갈아타며 전주에 있는 소아과까지 다니셨다. 익산의 소아과에서는 전혀 차도가 없다가 꼭 전주의 그 소아과에 가면 나았단다. 그러니 아빠는 내가 아프면 무조건 전주 소아과로 가실 수밖에 없었다. 지금도 아빠는 무용담처럼 그때를 말씀하신다. 전주시 덕진구 어디 어디. 당장이라도 그 소아과를 찾아가 증명할 기세이다. 삼 남매를 데리고 외출할라치면 첫째인 나는 아빠가 업고, 막둥이는 엄마가 업고, 둘째는 걷게 했다고 한다. 햇빛에도 픽픽 쓰러지던 나는 덜렁거리던 성격에 자주 다쳐서 상처도 많이 생겼다. 외할머니가 냇가에서 빨래할 때 옆에서 놀다가 떠내려간 적도 있었다. 하늘이 도왔는지 지나가던 아빠가 물에 빠진 나를 구했다. 건지고 보니 그 꼬마가 자기 딸이어서 얼마나 놀라셨을까. 최근에 동네 강가 산책로를 걷다가 아빠는 바로 "여기에서 너를 구했다"라고 말씀하셨다. 또 이렇게 다친 적도 있었다. 외갓집 제사에서 대나무 젓가락을 입에 물고 놀다가 대청마루에서 떨어지기도 했고, 가장 심하게는 초등학교 1학년 때 전홧줄 감아놓은 전선 더미 위에서 놀다가 떨어져 왼쪽 허벅지의 살이 찢어지는 사고도 당했다. 엄마는 나보다 더 놀라셨고, 병원에 나를 데리고 가셨다. 지금도 허벅지에는 예닐곱 바늘 자국이 크게 남아 있다. 그 뒤로 큰 외상은 기억나지 않지만, 중·고등학교 다니는 동안 입안에 구창(입안 부스럼)이 자주 생겨 조퇴를 밥 먹듯이 하고 이비인후과에 가서 보라색 약을 바르곤 했다. 입안 전체가 보라색으로 변해 입만 열면 보라색 혀가 날름거렸던 그때가 지금도 기억난다.

엄마에게 나는 어떤 존재였을까? 그저 아프지만 말고 잘 자라주길 바라는 그런 아이였던 것 같다. 그러니 대입 시험 반지에 '건강'을 새겨 넣을 생각을 하셨겠지. 다행히 엄마의 주문 덕분에 나는 그 뒤로 아픈 적이 없다.

시간이 지남에 따라 나에 대한 엄마의 바람이 바뀌었다. 엄마는 2000년 밀레니엄이라고 온 세상이 들떴을 때 첫해가 떠오르는 날, 나를 데리고 미륵산에 올랐다. 지금 생각해 보면 먹고사는 것이 바빠 세상 돌아가는 것도 모르셨을 것 같은데, 세기가 바뀌는 것은 아셨나 보다. 엄마의 소원은 단 한 가지. 노처녀로 늙어갈지도 모를 딸을 위해 소원을 빌고 싶었던 거다. 엄마는 집에서도 먼 북쪽 미륵산으로 나를 데리고 가셨다. 새벽 산길에 서툰 우리는 너무 늦게 산을 오르기 시작했고, 막상 미륵산 꼭대기에 오르니 해가 중천에 떠 있었다. 그래도 엄마는 새해를 보고 연신 기도하셨다. 엄마의 바람대로 나는 그해가 가기 전에 지금의 남편을 만났다. 그렇게 엄마의 소원은 또 이루어졌다.

지금도 친정에 가면 엄마는 살뜰하게 챙겨주신다. 부산에서 익산까지 오느라 힘들었다고 차에 휘발유도 넣어주시고, 맛있는 음식도 준비해 주신다. 가끔은 내가 좋아하는 홍어 무침이나 고구마순 김치 등을 싸 주기도 하신다. 나는 내가 결혼할 당시의 엄마 나이가 되었고, 엄마는 할머니가 되었지만, 아직도 엄마 눈에 나는 아이인가 보다. 짧은 이틀을 머물다가 돌아가는 나를 보고 환하게 미소 지어주시는 엄마. 엄마가 내 든든한 뒷배임을 이제야 깨달았다.

닳을세라, 반지를 끼고 다니지는 않지만, 반지에 담은 엄마의 소망은 항상 나를 지킨다. 이제 그 소원을 내가 이어 아이들을 바라본다. 날씨를 챙기고, 건강을 챙기고, 음식을 챙긴다. 나와 달리 잔병치레 없이 건강하게 자라주는 것도 고맙고, 안전 염려증 엄마·아빠의 잔소리에 위험한 행동을 하지 않아 고맙다. 아이들이 몸도 마음도 건강한 사람이 되었으면 좋겠다. 이제 내가 아이들의 뒷배가 될 차례이다.

(2024. 4)

늦은 밤 기차역 앞의 국수

늦은 밤 기차에서 내린 후 먹는 따뜻한 잔치국수는 허기진 배를 채워준다. 국수의 긴 가락이 아빠와 나를 끈끈하게 잇는다. 어디서든 뜨거운 김이 모락모락 올라오는 국수를 보면 고향의 아빠가 생각난다.

서울로 대학원을 다녔다. 화요일/목요일 수업이라 화요일에 올라가서 수업을 듣고 친구 집에 머물다가 목요일 저녁 수업까지 마치고 저녁 9시 5분에 서울역에서 기차를 탔다. 고속열차도 없고 가장 빠른 열차가 새마을호이던 시절이라 익산역에 도착하면 자정이었다. 늦은 밤에 도착하는 딸을 위해 아빠는 항상 역에 와서 기다리셨다. 택시를 타고 가도 될 텐데, 농사일에 바쁘고 힘드

실 텐데…. 언제나 마중을 나와 까만 얼굴에 하얀 이를 드러내며 맞이방으로 들어서는 나를 향해 손을 흔드셨다. 저 멀리에서부터 아빠의 하얀 이가 보석처럼 빛나서 아빠가 손을 흔들기도 전에 나는 아빠를 찾을 수 있었다. 아빠는 나를 바로 집으로 데리고 가지 않고 역 앞에 즐비한 포장마차에 가서 잔치국수를 사주셨다. 지치고 배고픈 밤에 먹는 국수는 세상에서 가장 맛있는 음식이었다. 매주 목요일 밤이면 아빠와 가득한 정이 쌓였다. 기차역 앞의 포장마차는 두 계절의 즐거운 추억만을 남기고 어느 날 주차장으로 바뀌었다. 기차역에서 포장마차가 사라지자, 내 머리에서도 포장마차와 국수는 잊혔다.

아빠와 추억이 담긴 국수가 다시 소환된 것은 수필을 배울 때였다. 그날 주제는 '편지'였다. 앞서 '나의 근원'에 대한 소재가 엄마였기에 편지는 당연히 아빠의 몫이었다. 친구들과 우정편지를 주고받고, 남편에게도 연애편지를 써 보내곤 했는데, 부모님께 보내는 편지는 처음이었다. 어떤 내용으로 지면을 채울까 고민만 이어졌다. 발표를 위해 쓰는 글이지만 우표를 붙여 편지를 보내드리고 싶었다. 그때 읽고 있던 책이 『남성여중 구세주』였다. 내가 이리 남성여자중학교를 졸업했기에 옛 생각 하며 재미나게 보고 있었다. 청소년소설의 결말이 그렇듯, 주인공은 여러

위기를 겪지만 착한 마음씨를 가진 덕에 좋은 어른으로 성장한다. 책을 읽다 보니 중·고등학교 다닐 때도 아빠는 시간만 되면 나를 데리러 오시던 것이 생각났다. 콩나물시루처럼 **빽빽하게** 채우고 다니던 통학버스를 타면 삼십 분을 서서 가야 할 텐데, 아빠 차를 타고 가면 편안하게 앉아서 십 분이면 집에 도착했다. 통학버스를 타러 가다가 아빠가 보이면 그렇게 반가울 수가 없었다. 그런 생각을 하다 보니 아빠가 익산역으로 마중 나와서 함께 국수를 먹던 즐거운 추억도 더불어 생각났다. 그렇게 두 사연을 엮어 아빠의 사랑을 주제로 편지글 형식의 수필을 썼다. 어버이날에 맞춰 엄마·아빠에게 두 편의 글을 보내드리니 아빠는 매우 좋아 가끔 내 편지를 꺼내 보시며 고단한 하루를 웃음으로 마치신다고 기뻐하신다. 내가 글쓰기를 배워서 처음 얻은 행복한 순간이었다.

아빠와 같이 기차역 앞 포장마차에서 국수를 먹고 싶어졌다. 지금은 그 자리가 주차장이 되었지만, 살짝 근처를 벗어나면 포장마차가 있지 않을까 생각해서 누리집 검색을 해봤다. 하지만 없었다. 친정에 갔을 때 차로 한 바퀴 돌아보려 생각도 했지만, 짧은 친정 나들이에 잊어버리고 항상 지나쳤다.

여름 방학에 아이들과 서울 여행을 다녀왔다. 여행을 마치고 부산역에 도착할 시간에 남편이 데리러 오기로 했다. 갑자기, 부산역에 포장마차가 있다고 들은 생각이 나면서 국수가 떠올랐다. 누리집을 찾아보니 몇 개의 포장마차가 있다. 아니 바퀴가 없으니 포장집이라고 해야 하나. 이렇게라도 추억을 살릴 수 있다니, 정말 기대되었다. 남편에게는 차를 두고 지하철로 나오라고 일렀다. 저녁에 부산역에 도착하여 포장집을 찾아갔다. 잔치국수와 닭발에 소주를 시켰다. 면이라면 무엇이든 좋아하는 아이들은 국수를 맛있게 먹었다. 나도 국수를 집어 들었다. 나를 데리러 오셨을 때 아빠 나이의 남편이 아빠처럼 맞은편에 앉아 있다. 어느새 나도 그때의 아빠 나이가 되어가고 있었다. 남편과 소주를 마시며 아빠와 국수를 먹었던 이야기를 한다. 아이들에게도 엄마와 할아버지의 추억을 들려준다. 언젠가 아이들이 자라면 우리와도 음식 추억을 나눌 수 있으면 좋겠다는 마음으로.

 자정이 넘은 시간에 먹었던 따뜻한 국수는 부녀 사이에 따뜻한 온기를 남겨주었다. 장소와 음식은 무엇을 추억하기 가장 좋은 소재이다. 국수로 시작한 아빠와의 추억은 징검다리 건너가듯 다른 음식으로 넘어간다. 생각해 보니 나는 아빠와 단둘이 많은 것을 먹으러 다녔다. 다음에 갈 친정행이 기대된다. 아빠를 모시고 추억 음식을 먹으러 가야겠다. 벌써 생선탕의 얼큰한 냄새와 초밥의 달큰한 맛이 떠오른다. 다행히 아빠와 다니던 생선가家는 그대로 남아 있다. 아마도 또다시 생선탕 대신에 초밥을 시키는 나를 보고 아빠는 이렇게 말씀하실 것이다. "반찬으로 초밥이 나오는데, 너는 꼭 초밥을 시켜서 먹더라." 아빠는 생선탕을 드실 때마다 초밥을 시키는 나를 보고 매번 같은 말씀을 하시곤 했다. 아빠 눈에는 배부른 생선탕보다 초밥을 깨작대는 내가 아쉬우셨나 보다. 아빠도 그때를 기억하시는지 꼭 생선가에서 초밥을 시켜봐야겠다.

(2023. 8)

우리 조상님

화창한 오월이다. 가정의 달 오월에 우리 가족은 조상의 뿌리를 찾아 나선다. 부산시 해운대구 석대동. 우리가 향한 곳은 영양 천씨 정려각이다. 자그마한 전각 위에는 '오효자 일효부 정려각 五孝子 一孝婦 旌閭閣'라고 쓰여 있고, 전각 안에는 다섯 명의 효자와 한 명의 효부의 비석이 나란히 서 있다. 우리는 얼굴도 모르는 옛날옛날 조상을 만나 반가운 마음에 큰 소리로 인사했다. 자랑스러운 마음이 샘솟듯 솟구친다. 김해 김씨 친구가 김수로왕릉에서 "할아버지 저 왔어요"라고 외쳤다고 했을 때 살짝 부러웠는데, 이제 부럽지 않다.

영조 때 천성태 할아버지부터 대를 이어 아들의 아들의

아들까지 해서 고종 때에 이르기까지 효행은 이어졌다. 어렸을 때 보았던 연속극『전설의 고향』에나 나올법한 이야기들이 영양 천씨의 효행이다. 이들은 부모가 병에 걸리면 손가락이나 허벅지 살을 베어 힘써 구원하고, 부모 별세 후에는 삼 년간 시묘하며 예를 표했다. 시묘살이에 호랑이가 나타나 지켜주고, 샘이 솟아나 시묘의 불편을 덜어 주었단다. 효자샘이라 불린 샘은 시묘살이가 끝나면 마른 땅이 되었다는데, 효자의 정성에는 하늘도 돕나 보다. 지역 선비들은 이들의 효행을 조정에 백여 회 이상 천거했고 관리들이 와서 사실인지 조사한 기록이 지금까지 남았다. 석대동 문중에서 이와 관련된 고문서 272점을 부산박물관에 기증하였다. 효행에 대한 조선시대 정책을 알 수 있는 소중한 자료라는데, 라면 상자 네 개 분량이라니 당시의 조사와 기록의 대단함을 느낀다.

우리는 영양 천씨 집성촌과 정려각이 부산에 있는지도 몰랐다. 부산의 지역 신문에 소개된 것을 친구가 가져다주어 알게 되었다. 내 남편의 성이 千씨이니 눈에 띄었나 보다. 임진왜란 때 명나라에서 파견된 이여송 대장을 따라온 천만리 장군은 전쟁이 끝난 후에 아들들과 귀화하여 조선에 뿌리내렸다는 정도만 알고 있었다. 그 뒤로 어떻게 살았는지 어떻게 우리 시댁은 십여 대에 걸쳐 섬에 살게 되었는지 그런 생각은 안 했었다. 영양 천씨 정려각에 이르러서야 남편 성씨의 내력을 알았다. 임진왜란 후에는 조선을 도와준 대국의 장군으로서 천만리 장군은 충장공忠壯公이라는 시호까지 받았다. 그런 영향력으로 조선에서 자리 잡기 쉬웠을 것이나, 병자호란 후에 명나라 집안인 영양 천씨는 납작 엎드려야 했다. 청나라는 명나라 유민을 잡아 보내라 했고, 영양 천씨는 압송을 피해 남으로 남으로 내려갔다. 그래서 영남과 호남지방까지 내려와 집성촌을 이루며 자리를 잡았고, 해운대구 석대동도 그중의 하나이다. 더 멀리 내려간 영양 천씨의 한 갈래가 아마도 우리 시댁이 있던 완도의 조그만 섬인가 보다.

조선시대는 충忠과 효孝가 사회의 근본을 이루었다. 예로부터 소중하게 그 가치를 지켜왔고 결국 그것은 사람을 옳은 방향으로 걷게 만든다. '효는 모든 행실의 근본이다'라는 금언金言은 수천 년이 지나도 변하지 않는 진리이다. 일방적으로 부모를 받드는 것이 효는 아니다. 가족 간의 소통과 사랑이 자발적인 효를 이룬다. 부모는 자식을 위하고, 자식은 부모를 위하고, 어린아이들은 윗사람의 사랑을 본받고, 그렇게 서로 동행한다. 콩 나는데 콩 나고 팥 나는데 팥 난다거나 윗물이 맑아야 아랫물이 맑다는 속담은 위로부터의 모범을 강조한다. 다섯 대를 이으며 효를 실천한 정려각 앞에 서서 자식이자 부모인 나를 돌아본다.

나이를 먹어서일까, 고향을 떠나서일까. 부쩍 뿌리에 대한 갈망이 커졌다. 예전에 조상이란 빽빽한 족보에 등장하는 이름일 뿐이었다. 어두컴컴한 박물관에 있는 유물과 같은 존재였다. 남양 방씨 무슨 파 몇 대손이라고 아빠가 외우라고 해서 외웠을 뿐이다. 부모가 되어서야 조상은 과거에 머물지 않고 나와 함께 살아가는 존재라는 것을 깨달았다. 마음의 방향이 바뀌니 하루 종일 준비한다고 투덜대던 제사음식도 즐거운 마음이 되었다. 아이가 넘어져도 크게 다치지 않으면, "아이고 조상님 감사합니다"가 저절로 입 밖으로 나왔다. 시댁의 조상을 찾아뵈니 우리 조상도 찾고 싶어진다. 누리집에서 경남 함양에 남양 방씨 열녀비가 있다고 알려준다. 함양을 좋아해서 상림과 용추 계곡을 문턱 닳도록 그렇게 다니면서도 한 번도 관심을 가지지 않았는데, 석대동 정려각에서 물꼬가 트이니 다음 행보가 바로 정해진다. 다음번에는 나의 조상을 찾아 나서는 여행을 하련다.

정려각 낮은 풀밭에 햇볕도 잘 든다. 아이들은 볼에 바람을 가득 넣고 **민들레 홀씨를 훨훨** 날린다. 상쾌한 바람을 타고 이리저리 휘날리는 민들레 홀씨를 보니 척박한 땅에 단단히 뿌리 내린 민들레처럼, 이 땅을 지켜온 조상님들의 강인한 힘이 느껴진다. 조상님 앞에서 한바탕 놀다 보니 그사이 시간이 훌쩍 지나가 슬슬 배가 신호를 보낸다. 위장이란 녀석은 시계처럼 정확하다. 정려각 오던 길에 보았던 추어탕집으로 발길을 향한다. 보기만 해도 세월이 느껴지는 노포老鋪집에서 가마솥에 푹푹 끓인 걸쭉한 추어탕. 맛있는 한 그릇을 받아 드니 바로 입에 침이 고인다. 조상님 덕분에 추어탕까지 먹고, 아주 즐거운 소풍이다.

(2024. 5)

어머니와 흰 것

　창백한 반달만 떠 있다. 차가운 바람이 창호지 문을 덜그럭거릴 때, 한 여인이 혼자서 아이를 낳았다. 흰 달이 남쪽 바다에 떴을 때 아기는 태어났다. 그녀의 어린 큰딸은 불리지 않은 빳빳한 미역으로 미역국을 끓이고 더 어린 작은딸은 옆집에 가서 시간을 물어보았다. "금방 전에 12시 종을 쳤으니까 한 열두 시 반쯤 되었나 보다." 날이 밝자 아기의 엄마와 누나들은 아기의 태를 묻으러 산에 갔다. 소나무 아래 흰 무엇이 있길래, 그곳에 아기의 태를 묻었다. 나중에 알고 보니 그 흰 것은 백복령이었단다.

　언젠가 남편이 태어난 섬 집에 가본 적이 있다. 낮은 돌담이 있는 작은 마을은 시간이 멈춘 채 수십 년이 흘렀다. 좁게 이어진 골목을 따라 올라가니 마당에서 포구가 한눈에 보인다. 낡은 지붕에 방 두 개, 부엌 한 개, 그리고 작은 마당. 수십 년 전에 시댁은 집을 팔고 섬을 떠나 뭍으로 나왔다. 남편 나이가 다섯 살 때이다. 아버지는 해남에서 수협에 근무하셨고, 집에 오시는 날은 한 해에 손을 꼽았단다. 어머니 혼자서 다섯 남매를 낳았다. 형과 누나들은 할머니랑 큰어머니가 도와주셨지만, 막내인 남편은 오로지 어머니 혼자서 낳았다고 한다. 이제는 누군가의 창고로 쓰이는 그 집에 들어가니 낯설면서 친숙한 두 가지 느낌이 한꺼번에 몰려든다.

월요일 아침에 전화벨이 울렸다. '오늘'을 넘기지 못할 것 같다는 큰아주버님 말씀이다. 일주일 전에 뵈었을 때 사랑하는 손자들을 알아보고 손자에게 "할머니 보고 싶었어요"라는 말을 들었었는데… 설마, 하면서도 부랴부랴 짐을 싸고 학교에 간 아이들을 조퇴시켜서 어머니에게 갔다. 흰 서리처럼, 냉랭한 침묵만 가득한 차 안. 쉬지 않고 달렸지만, 어머니는 끝내 막둥이의 얼굴을 보지 못하고 가셨다. 조상이 도왔을까. 남편은 차를 장례식장으로 몰았고, 우리가 도착했을 때 어머니도 오셨다. 장례식장 직원들의 배려로 안치실에서 어머니를 마지막으로 만났다. 어머니의 몸은 아직 온기가 있고 보들보들했다. 하지만 흰 머리만큼 몸도 하얗게 세어지고 있었다. 혹시나 붙잡으면 다시 잡힐까 봐 어머니의 몸을 흔들며 가지 말라고 큰 소리로 불렀다. 어머니의 감긴 눈은 더 이상 뜨이지 않았다. 유언처럼 남긴 말씀 한마디만 귓가에 울렸다. "행복해야 한다." 정신이 온전했을 때 하신 마지막 말씀이다.

전국에 흩어졌던 형제·조카들이 모였다. 문상객들도 흰 구름처럼 밀려들었다. 입관하는 시간에 장례지도사는 흰 장갑을 끼고 친절하게 입관 절차와 용품에 대해 하나하나 설명하였다. 흰 수의를 입고 있는 어머니에게 마지막 인사를 하니 꿈과 생시의 경계에서 생시라는 사실을 깨달았다. 서럽게 흐르는 눈물 속에서 장례지도사의 말이 들린다. 한지 고깔, 용의 비늘, 일곱 개의 탑, 노잣돈. 관은 꽃으로 채워지고, 흰 관포로 덮어지는 어머니. 어머니가 가시는 날에 첫눈이 내렸다. 어머니는 깃털 같은 흰 눈을 맞으며 흰 새처럼 날아가셨다.

어머니는 돌아가시기 서너 달 전부터 머릿속에 흰 지우개가 생겼다. 지우개가 지나간 자리는 하얗게 비워졌고, 어머니는 수십 년의 세월을 잊었다. 아침이면 옷을 곱게 차려입고 모자를 쓰고 가방을 싼 채 배가 들어오기를 기다렸다. "아야, 왜 아직 배가 안 온다냐?" 그러면 큰아주버니는 "방에 가 계시오. 뱃고동 소리가 들리면 부르러 갈 테니까요." 어머니가 가고 싶었던 섬은 어디일까. 물어보았지만, 그곳이 어디인지 어머니도 모르신다. 본능이 이끄는 대로, 고향 소모도일 수도 있고, 다섯 아들딸을 낳고 키운 대모도일 수도 있다. 어머니가 정말 배를 타고 떠나실까 봐 어머니 뒷모습만 하염없이 바라보았다.

한강의 『흰』을 읽다 보니 어머니가 생각났다. 흰 겨울, 흰 달, 흰 밤, 흰 복령, 흰 실, 흰 머리, 흰 수의, 흰 눈, 흰 가루. '흰' 것은 이렇게 어머니와 잘 어울린다. 어머니와 흰 것. 두 개가 더 떠오른다. 항상 어머니는 삼 년간 간수를 뺀 소금을 주셨다. 수분이 하나도 없어 고실고실하고 딱딱한 소금을 만질 때, 마치 다이아몬드 결정체를 손바닥에 궁글리는 느낌이 이럴까 싶었다. 그리고 흰 설탕. 소문난 어머니 손맛의 비결은 설탕이었다. 적절한 설탕으로 달지 않으면서 맛있게 만든 음식은 아무도 따라갈 수 없는 어머니만의 눈대중 손맛이었다.

어머니가 가신 지 벌써 삼 년이다. 혼자서 다섯 아이를 낳고 산후조리는커녕 아기를 낳자마자 밭에 나가서 일하셨다. 그렇게 쉽

없이 일하셨고, 결국 나이가 들자, 온몸에 안 아픈 데가 없었다. 이제 고통 없는 곳에서 편하게 지내시겠지, 그래도 가끔 어머니가 너무 보고 싶다. 내 마음을 아는지 모르는지 사진 속 어머니는 그저 웃고 계신다.

(2024. 11)

 독서수필

그리스인 조르바 – 니코스 카잔차키스

귀인貴人. 사람은 누구나 자기만의 귀인을 만난다. 귀인은 경제적인 부를 안겨주거나, 생각의 폭을 넓혀주어 자기만의 틀을 깨고 나올 수 있게 도와준다. 『그리스인 조르바』의 작가 니코스 카잔차키스에게 알렉시스 조르바는 후자에 해당하는 귀인이다. 그는 「작가의 말」에서 조르바를 '게론타'라고 말했는데, 이는 발칸반도 북쪽에 있는 아토스산의 수도사들이 '영적 지도자'를 표현하는 단어이다. 귀인이자 영적 지도자 조르바의 이야기를 들어보자.

바람이 쌀쌀한 피레우스 항구에서 '나'는 조르바를 처음 만났다. '나'는 친구와의 이별을 회상하고 있던 참이다. 카프카스 지역에서 그리스 동포가 고통에 시달리고 있다며 스타브리다키스는 '나'에게 행동을 요구했다. 하지만 '내'가 잠자코 듣고만 있자 친구는 떠났다. '나'는 용기를 내지 못했고 친구가 나를 떠난 것은 필연이었다. 어쩌면 친구와의 이별이 조르바와의 만남을 가능하게 했을지도 모른다. 친구와 함께 있었다면 조르바는 '나'에게 말을 걸지 않았을 테니 말이다. 나중에 조르바는 그날 본 '나'의 모습을 이렇게 말한다. "당신이 카페 구석에 점잖게 앉아, 몸을 떨 듯 웅크리고 황금 표지의 조그마한 책을 읽고 있는 걸 보고는, 글쎄 잘은 모르겠지만, 당신이 수프를 좋아할 것 같은 생각이 들었던 거지, 이유야 알 길이 없어요. 그저 그런 생각이 머릿속에 떠올랐던 것뿐이오." 유일한 친구 스타브리다키스도 떠나고, 남은 친구라고는 책밖에 없는 외로운 '나'에게 조르바는 헤르메스*가 보내준 귀인이다. 작가는 헤르메스가 조르바를 보내주었다고 직접 언급하지는 않았지만, '내'가 아테네에서 헤르메스 거리를 걷고 있었다던 꿈 대목** 을 보면 두 사람의 만남은 우연이 아니라 헤르메스기 정해놓은 운명을 의미한다고 해석했다. 그러면 왜 음식은 수프여야 했을까? 유럽인에게 수프는 세상에서 가

---

* 그리스 신화의 신 : 제우스의 아들로 전령, 여행자, 상인, 사기꾼 등을 보호하는 신. 고대 그리스인들은 신이 생각을 불어넣어 준다고 생각했다.
**『그리스인 조르바』25장에서 스타브리다키스의 죽음을 예견하는 꿈

장 따뜻한 음식이기 때문일 것이다. 조르바는 세상에 겁먹어 떨고 있는 젊은이에게 용기라는 이름의 따뜻한 수프를 권한 셈이다. 이렇게 두 사람은 운명적으로 만났다.

알렉시스 조르바에게 가장 중요한 것은 오늘, 이 순간에 일어나는 일*이다. 광산에서는 열심히 갈탄만 생각하고, '나'와 있을 때는 즐겁게 이야기를 들려준다. 여자와의 정사도 좋아하고 여자의 마음도 잘 읽는다. 젊은 시절 카바레 가수였던 늙은 오르탕스 부인을 기쁘게 해주기 위해 그녀의 전성시대를 그림으로 표현하고, 그녀가 좋아할 선물을 하며 마담을 위해 재미난 행사도 준비한다. 부인의 죽음을 끝까지 지키며 눈을 감기고 부인의 앵무새도 챙긴 이가 조르바이다. 또 이라클리온에서 만난 어린 밤무대 여가수 롤라를 위해 머리를 까맣게 염색한다. 조르바의 여든 살 할머니는 누군가 불러줄 세레나데를 기다리며 밤마다 머리를 빗었단다. 할머니의 영향을 받은 조르바는 여자란 나이와 상관없이 갈대이고 도자기 꽃병이라며 소중하게 생각한다. 가부장적 질서 속에서 여자 위에 군림하는 크레타 남자들과 비교되는 조르바이다.

---

* 『그리스인 조르바』 24장

전쟁에 참전하면서 애국이라는 이름으로 터키인이라면 모조리 죽이고 귀를 모으고 다 불태우던 조르바였다. 그러나 자신이 죽인 불가리아 유격대원의 아이들이 고아가 되어 맨발로 구걸 다니는 것을 보며 전쟁의 참상을 깨달았다. 결국 맹목적으로 믿었던 것들-조국이나 민족 같은 것-의 가치에 의문을 품고 전쟁터에서 도망쳤다. "국가가 존재하는 한 인간은 한낱 짐승, 그것도 잔인한 짐승으로 남을 거요. 하지만 나는 거기서 탈출했소." 누구보다 시대를 앞서고 있었던* 그에게는 국가·종교보다 멋진 녹암綠岩이 더 소중했다. 조르바의 인간 그리고 세상을 바라보는 열린 자세는 조금씩 '나'에게 스며 들어간다. 조르바가 해주는 맛있는 음식처럼**…. '나'는 사회주의에 대한 환상이 있어서 광산을 성공시키면 노동자들과 공동체 사회를 만들 꿈을 가지고 있다. 그래서 조르바는 '내'가 광산에 오는 것을 싫어한다. 광산에 와서 노동자들에게 책임지지 못하면서 쓸데없이 사회주의니 뭐니 귀신 씻나락 까먹는 소리를 하기 때문이다. 광산은 실패하고 재산을 모두 잃은 후에야 결국 '나'는 뜻밖에 해방감을 맛보았다. 역설적으로 그 실패가 '나'의 공동체에 대한 의무에서 해방감과 자

---

* 『그리스인 조르바』 2장
** 『그리스인 조르바』 6장 '내가 난생처음으로 먹는 즐거움을 느낀 것은 바로 이곳 해변에서였다.'

유를 느끼게 했고 맹목적인 필연에 어떻게 맞서야 하는지 깨닫게 했다.

'나'와 조르바는 크레타에서 헤어진 후 각자의 길을 갔다. 둘은 간간이 편지를 주고받으며 자신의 안부를 전한다. 시간이 흘러 5년 후에 '나'는 베를린에서 조르바의 전보를 받았다. "아주 멋진 녹암 발견. 즉시 오기 바람. 조르바" 당시의 베를린은 엄청난 기근과 인플레이션의 고통 속에 시달리고 있던 터라 그런 시절에 한갓 아름다운 것을 보러 오라는 조르바를 못마땅하게 여기며 가지 않았다. 조르바는 "당신은 붓에 매달려 살아가는 사람이오. 가엾은 영혼, 당신도 한 번쯤은 아름다운 녹암을 볼 수 있을 거라 생각했는데, 그러지 못하는구려."라는 편지를 마지막으로 더 이상 편지를 보내지 않았다. 5년 전, 크레타에서 헤어지기 전날에 조르바는 '나'에게 이렇게 말했었다. "보스는 자유롭지 않아요. 당신이 묶인 줄은 다른 사람들의 줄보다 좀 더 길어요. 당신은 마음대로 오고 가니 자유롭다고 생각할지 모르죠. 하지만 당신은 그 줄을 잘라 버리지 못해요." 조르바가 예견했던 것처럼 '나'는 끝내 '자유'롭지 못함을 스스로 증명한 셈이 되었다.

알렉시스 조르바는 평생 떠돌아다니며 많은 풍파를 견디면서 가난한 노동자로 살다가 마침내 마그네슘 광산의 맥을 찾아냈고, 부자가 되었다. 젊은 부인을 두었으며 아들도 낳았다. 세르비아에 정착한 후 침대에 누워 편안히 죽음을 맞이한다. 연락을 끊었던 조르바는 죽어가면서 '나'에게 그가 아끼던 산투르를 선물로 남겨 자기 죽음을 알린다.

카잔차키스는 「작가의 말」에서 조르바와 크레타에서 보낸 시간을 기록했다고 했다. 또 다른 자료에는 조르바는 카잔차키스가 펠로폰네소스 광산에서 만난 노동자라고도 한다. 조르바는 실존 인물일까? 실존 인물 여부와 무관하게 '나'와 조르바와 스타브리다키스는 모두 작가 니코스 카잔차키스와 교집합이 있다. 카잔차키스는 한때 사회주의에 심취하였다. 앞에서 썼듯이 『그리스인 조르바』의 '나'도 광산 채굴에 성공하면 코이노니아Koinonia(협동, 친교, 공동체)를 만들려는 꿈이 있었다. 작가의 꿈이 '나'에게 투영되었다는 것을 알 수 있다. '나'나 조르바가 방문했던 아토스산의 수도원도 카잔차키스가 방문한 적이 있고, 조르바가 게릴라로 참전했다던 발칸전쟁에 카잔차키스도 자원하여 참전하였다. 이런 점들을 살펴보면 '나'와 조르바는 작가의 또 다른 모습으로 보인다. 소설 속의 또 한 명의 등장인물인 스타브리다키스는 카프카스 지역에 고통받는 그리스인을 구하는 특사의 역할을 맡았는데

이 또한 카잔차키스가 실제로 행한 임무였다.

　카잔차키스는 『그리스인 조르바』에서 국가를 위한 일에 목숨을 걸었던 스타브리다키스를 죽게 만든다. 이것은 큰 의미가 있다. 스타브리다키스를 죽임으로써 젊은 시절의 자신도 함께 죽였기 때문이다. 카잔차키스는 오스만 튀르크 제국 지배를 받던 크레타에서 태어나 독립된 그리스 아테네에서 법학을 공부하면서 조국과 민족에 눈을 떴을 것이다. 30대의 카잔차키스는 큰 애국심을 가지고 발칸전쟁에도 참전하고 스타브리다키스처럼 카프카스에 특사로 파견되기도 했다. 조국을 위해 고군분투하던 그였다. 그런 그가 『그리스인 조르바』에서는 조르바의 입을 통해 그런 것들은 다 필요 없다고, 조국·민족·종교·도덕심·가치관 등을 따르지 말라고 말한다. 그렇게 자기 마음속에서 웅크려 떨고 있는 스타브리다키스를 죽이고 조르바의 세계를 창조한 것이다. 이런 측면에서 살펴보면 카잔차키스는 여러 등장인물을 통해 자신 내면에 존재하는 여러 유형의 인간 간의 갈등을 대립 또는 조화롭게 배치하여 자신의 과거를 정리하고 화해하고자 했을 거라 생각된다.

　「작가의 말」에서 니코스 카잔차키스는 자신의 영혼에 족적을 남긴 사람으로 네 명을 말했다. 고대 그리스의 서사시인 호메로스, 프랑스의 철학자 앙리 베르그송, 프로이센(독일)의 철학자 프리드리히 니체, 그리고 알렉시스 조르바이다. 그는 존경하는 그들을 『그리스인 조르바』에 담았다. 먼저 호메로스를 오마주* 했다. 부활절에 춤을 추는 젊은이들과 리라 연주자의 모습은 『일리아스』와 『오뒷세이아』에서도 나오는 장면이고, 크레타에 살았던 '나'의 외할아버지가 마을에 새로 온 나그네를 찾아 대접한 후 살아온 이야기를 듣는 모습과 비슷한 구절이 『오뒷세이아』에 두 번 나온다. 베르그송과 니체가 바라는 인물은 '직관적인 경험'을 중시하여 새로운 삶의 의미를 찾은 '초인'인 알렉시스 조르바 그 자체이다. 조르바가 정말로 실존 인물이라면 카잔차키스는 매료될 수밖에 없었을 것이다.

또한 조르바와 '나'의 이야기일 뿐만 아니라 『그리스인 조르바』는 크레타에 대한 장엄한 서사시이기도 하다. 크레타의 꽃과 나무, 바다, 바람, 음식, 계절, 민요, 설화, 역사 등 많은 것을 소개한다. 카잔차키스의 자연에 대한 은유는 뛰어나며 크레타의 풍습에 대한 묘사는 섬세하다.

---

* hommage : 다른 작가나 감독에 대한 존경의 표시로 특정 대사나 장면 등을 인용하는 일.

그는 「작가의 말」에서 "나의 삶에 큰 은혜를 베풀어 준 것은 여행과 꿈이다."라고 말했다. 그리고 크레타에서 헤어지기 전에 조르바가 장난스레 양의 등뼈를 보고 예언한다며 긴 여행 괘가 보인다고 했고 그 말을 '내'가 받아 그 긴 여행의 종착지는 무덤이 가득한 대지라고 말했다. 카잔차키스는 결국 중국 여행 중에 백혈병이 악화하여 세상을 떠났다. 마치 소설 속 이야기가 예언이 된 것처럼.

니코스 카잔차키스의 무덤은 크레타 이라클리온의 외진 언덕에 덩그러니 있다. 그의 삶을 대변하는 삐딱한 십자가와 세 줄의 묘비명. 조르바가 외치던 '자유'로 카잔차키스는 그의 생을 짧게 정리했다.

*****

나는 아무것도 바라지 않는다.
나는 아무것도 두려워하지 않는다.
나는 자유다.

—
03

역사 속의 오늘

익산 단군 성묘

　우리 동네에 '단군 사당'이 있다. 어린 시절에는 이곳에 단군 사당이 있는 이유를 따로 생각하지 않았다. 우리 민족은 단군 할아버지로부터 시작되었고, 당연히 모든 동네에는 으레 단군 사당이 하나쯤은 있는 줄 알았다. 마을에 있는 커다란 당산나무처럼, 단군 사당은 나에게 그런 곳이었다.

　결혼하고 타지로 이사하고는 친정에 갈 때마다 빛바래고 낡은 단군 사당 이정표를 지난다. "아 맞다. 이곳에 단군 사당이 있었지, 근처가 아파트로 다 바뀌고 있는데도 아직도 남아 있네"라면서 가보게 되었다. 단군 사당은 호남평야가 한눈에 보이는 언덕에 있다. 어느 해 추석에 아이들이랑 단군 사당에 올랐다. 문이

활짝 열려 있을 줄 알았던 단군 사당은 굳게 닫혀 있었다. 까치발을 들어 담벼락 너머 조그만 전각을 보았다. 어린 시절부터 한 번도 사당 안에는 들어가 본 적이 없다. 갑자기 사당 안에 들어가고 싶은 욕구가 강렬하게 일었다. 집으로 돌아와 누리집을 찾아보니 일 년에 봄과 가을에 두 번 대문이 열리고 제사를 모신단다. 내가 익산에 살고 있으면 그날에 가기 쉽겠지만, 참 난감했다.

그렇게 담 밖에서 기웃거리기를 몇 년. 드디어 연휴를 이용하여 10월 3일에 익산에 갔다. 기쁜 마음으로 개천절 행사를 고대했다. 그런데 전날부터 가을비가 세차게 내렸다. 걱정하는 마음으로 단군 사당을 찾았는데, 굳게 닫혀 있던 문이 활짝 열려 있고, 마당이 분주했다. 비는 다행히 멎었지만, 마당은 질퍽했고, 비가 다시 내릴지 모르는 찌푸린 하늘이었다.

익산 동산동에 단군 사당이 있게 된 유래는 이렇다. 신흥무관학교를 세워 독립군을 양성한 이회영 애국지사의 육 형제 중 한 분인 이시영 선생이 광복 후 한국으로 돌아와서 독립운동 기간 내내 품고 다닌 단군 영정을 모실 곳을 찾았다. 익산이 선택되었고, 지역 유림이 돈을 모아 사당을 지었다. 1947년 3월 15일 단군이 수레를 타고 하늘에 오른 날에 기공식을 시작하여 1951년 10

월 3일 단군이 고조선을 세운 날에 낙성식을 거행했다. 그래서 3월 15일(음력)에 어천대제御天大祭를, 10월 3일(양력)에 개천대제 開天大祭를 모신다. 익산에서도 왜 동산동이 선택되었는지 이유가 궁금해서 나름대로 근거를 찾아보았다. 중국 남송 시대의 역사서 『후한서』(5세기. 범엽 지음)에 "처음에, 고조선의 준왕이 위만에게 쫓겨 유민 수천 명을 데리고 바다로 들어와 마한을 파하고 스스로 한왕이 되었다.(初 朝鮮王準爲衛滿所破 乃將其餘衆數千人走入海 攻馬韓 破之 自立爲韓王 其後絶滅 今韓人猶有奉其祭祀者)"라는 구절이 있다. 그렇다면 준왕이 망국민을 이끌고 요동에서 배를 타고 남으로남으로 내려오다가 만경강을 거슬러 올라와 이곳의 널따란 평야에 시선을 두고 뱃길을 멈추었을까. '만개의 밭고랑'을 지난다는 만경강萬頃江이 유유히 흐르는 이곳은 옛날이나 지금이나 한반도 최고의 황금 들판인 호남평야이다. 이시영 선생과 익산 유림이 아마도 그런 의미에서 단군을 모실 곳으로 동산동을 정했을 거라 나 혼자 상상해 본다.

나는 어린 시절에 부르던 대로 단군 사당이라 부르지만, 정식 명칭은 <익산 단군 성묘>이다. 이시영 선생이 기증했다는 단군 영정의 진본은 안전상의 이유로 익산시청이 보관하고 있고, 단군 성묘 천진전에 모셔진 영정은 영인본이다. 단군 영정은 1910년대 제작되었다고 추정되지만, 누가 그렸는지는 알려지지 않았다. 천진전 문이 열리고 감실의 문도 열리자, 우리가 많이 보던 근엄하게 생긴 단군왕검이 아니고 산신령 같은 온화한 모습의 단군 할아버지가 나타나셨다. 방긋 웃으시며 '이제야 왔네'라고 말씀하시는 것 같다. 단군 성묘 제례는 <단군성조 봉성회> 어르신들이 준비하시고 익산향교에서도 참여한다. 유림에서 모시는 제사는 처음 보았다. 도포에 유건을 쓴 유림의 모습이 예스럽고 멋있었다. 하늘님의 손자에게 제사를 지내는 날이라고 하늘도 세찬 비를 멈춰 주어서 행사를 무사히 마칠 수 있었다. 쉽게 볼 수 없는 경건한 의식에 참여한 아이들 표정에도 진지함이 배었다. 흐린 날에 아이들을 데리고 온 가족을 보고 어르신들은 감사의 격려를 아끼지 않으셨다. 참으로 귀중한 시간이었다.

고향을 떠난 지 벌써 이십 년이 지났다. 낮은 담벼락이 있던 동네를 떠나 높은 아파트 숲에서 지내니 뿌리를 갈망하는 마음이 깊다. 그동안 수없이 지나던 길에서 의미를 찾고, 여전히 남아 있는 상점에 눈길을 준다. 이름 빼고는 다 바뀐 초등학교 근처를 배회하고 강 따라 산책한다. 그렇게 들여 마신 공기로 텅 빈 가슴속 마음을 채운다. 열망했던 단군 사당에 들어가니 그동안 찾지 못한 퍼즐 조각 하나를 채운 기분이다. 단군 할아버지는 우리 민족의 뿌리이다. 이시영 선생이 고단한 독립운동의 긴 세월 속에서 단군 영정을 품속에 간직하고 다닌 이유도 우리 한민족이 단군에게서 시작되었기 때문일 것이다. 어서 독립하여 단군의 나라를 세우기를 바라는 간절한 바람이 담겨 있는 영정이다.

점차 세계는 세계화, 다문화의 물결 속에 한 나라만의 가치를 추구하기 점점 어려워진다. 하지만 반만년 이어온 단군 할아버지가 앞으로 반만년만 더 우리의 할아버지로 계속 이어지면 좋겠다.

덧말

전국에는 46곳의 단군 성묘가 있다. 일제 강점기에 9곳이 있었고, 광복 후에 지역의 유림이 나서서 나머지를 세워 46곳이 되었다. 윤한주 국학박사는 발품을 팔아 단군 성묘 답사기인 『한국의 단군 사묘』(2019 덕주)를 펴냈다. 유림은 공자만 모셨을 것 같은데, 민족의 뿌리를 찾는 일에는 모두 한 마음인가 보다.

(2022. 10)

난잎으로 칼을 얻다

이회영 기념관이 서울 종로구 사직동으로 옮겨 갔다. 서촌에 있던 기념관은 방문한 적 있는데, 새로 이전한 사직동의 기념관은 아직 가보지 못했기에 꼭 한번 방문하고 싶었다. 지하철을 타고 버스를 갈아타고 한참 걷고 나서야 기념관에 도착했다. 선선한 바람을 맞으며 들어가니 작은 이층집과 너른 마당이 반겨 주었다. 개화기에 남감리교 선교사들이 지은 돌집은 전형적인 서양식 주택이다. 남감리교가 세운 배화학당 자리가 원래는 이회영 선생의 십 대조이신 이항복 선생의 집터였다니, 감리교와 이회영 선생 가문이 서로 잘 맞는가 보다. 이회영 선생이 조선을 떠나기 전에 다니셨다던 남대문 근처에 있는 상동교회도 감리교파이다.

마당에 들어서서 이회영 선생의 흉상을 뵈었다. 슬픔에 젖은 눈, 단단히 닫은 입. 시대의 암울함에 슬프고, 그래서 더 마음을 다지는 듯하다. 단출한 기념관은 일층과 이층과 지하로 구성되어 있다. 일층에는 이회영 여섯 형제에 대한 소개와 이회영 선생의 부인이신 이은숙 여사의 회고록인 『서간도 시종기』가 전시되었다. 이층으로 오르는 계단을 한계단 한계단 올라가며 이회영 선생의 활동을 사진으로 만난다. 이층에는 이회영 선생이 그린 커다란 난蘭 그림이 있다. 개화기에 한양에서 흥선대원군 다음으로 난을 잘 치셨다는 이회영 선생. 난을 그려 독립자금을 마련하시곤 했단다. 오래전에 덕수궁 중명전에서 <난잎으로 칼을 얻다>라는 이회영 선생의 전시를 본 적이 있는데, 그때 보았던 작품인 듯 네 점이 전시되어 있었다. 그리고 육 형제가 세웠던 신흥무관학교에 대한 소개와 당시 무기들도 있었다. 신흥무관학교 사진 명단에 반가운 분이 계셨다. 해운대에 있는 장산 모정원의 강근호 지사이다. 강근호 지사는 함흥 출신으로 반일 운동 후 수배를 받아 고향을 떠나 신흥무관학교에 입교하셨고, 김좌진 장군의 청산리 대첩에 중대장으로 참전하셨던 분이다. 반가운 마음에 사진을 찍어 강근호 지사의 따님이신 강정화 선생님께 보내드리니 선생님도 좋아하셨다. 독립운동이 지하에서 이루어진 것을 상징하는 지하 전시관에는 신흥무관학교의 설립과정이 교가(독립군가)와 함께 작은 영상으로 흐른다. 어두운 벽에 쓰인 '이회영 형제는 북두칠성 같았고, 아들들 딸들은 은하수 같았다'라는 글귀가 마음에 담긴다.

　이회영 선생 가문은 조선의 최고 부자였다. 명동 일대가 모두 이회영 선생 가문의 것이었다. 이회영 선생은 조선이 일본의 횡포에 흔들리자 신민회를 조직하여 민족 계몽에 앞장섰다. 또 고종의 명을 받아 헤이그 특사를 주도하였으나 실패하자 모든 재산을 정리하여 서울을 떠나 만주에 신흥강습소를 설립하였다. 급히 처분한 재산은 40만 원, 지금으로 환산하면 600억 원 정도라니 그 액수에 놀란다. 아직 일본의 칼날이 닿지 않은 만주에 독립의 터를 잡으시고는 신흥무관학교에서 독립군을 양성하였다. 신흥무관학교가 배출한 독립군은 봉오동 대첩, 청산리 대첩은 물론 광복이 될 때까지 무장 항쟁의 주체가 되었다. 이회영 선생은 대한민국 임시정부가 세워지자, 의정원의 초대 의원이 되었지만, 한계를 느끼고 무정부주의자로서 무장 투쟁을 벌이시다가 결국 1932년에 대련 감옥에서 일본의 모진 고문을 받다가 감옥에서 순국하셨다. 육 형제 중에서 다섯째 이시영 선생만 광복의 빛을 보셨고, 다른 형제들은 힘든 독립운동 속에서 가난과 배고픔으로 돌아가시거나 실종되셨다. 고단한 생활 속에서도 돌아가실 때까지 후회하지 않는 삶이셨겠지만, 모든 재산을 독립운동에 쏟아부은 집안의 끝이 쓸쓸해서 마음이 편치 않다.

이렇게 대단한 가문이지만, 사실 역사 교과서에서는 크게 조명받지 못한다. 신흥무관학교와 관련하여 짤막하게 소개되어 있을 뿐이다. 그래서 실은 나도 이회영 선생을 잘 몰랐다. 부끄럽게도 나는 역사를 좋아하고 대학에서 역사를 전공했는데도 말이다. 그러다가 우연히 한 특집극을 보았다. KBS가 만든 『자유인 이회영』이다. 그 뒤로 이회영 선생에게 매료되었고, 가장 존경하는 분 중에 한 분이 되었다. 이회영 선생에 관한 책을 읽고 전시회를 찾고 기념관을 찾는다. 현충원에 계신 선생께도 인사드리고 그렇게 혼자 내적 친밀함을 쌓아간다.

복잡하고 비슷하고 다양한 독립운동사. 헤아릴 수 없이 많은 사람의 노력 끝에 우리에게 광복이 왔다. 그 길고 지루하고 고단한 싸움을 해 나갈 수 있었던 시작이 바로 신흥강습소였고 엄청난 재산과 지치지 않는 열정과 피나는 노력을 쏟아부은 이회영 육 형제가 그 길을 열었다. 한국에 노블레스 오블리주$_{noblesse\ oblige}$를 말할 때 대표적으로 떠오르는 분들. 바로 이건영, 이석영, 이철영, 이회영, 이시영, 이호영 그리고 이은숙 여사이다. 이은숙 여사는 공장에 다니고 삯바느질로 모은 돈을 계속 군자금에 보태셨다. 그러한 자세한 기록이 『서간도 시종기』에 남아 우리에게 전해진다.

  햇볕이 따사로운 오월의 오후, 기념관을 둘러보고 나서 수백 년 됨직한 느티나무를 둘러싼 돌의자에 앉았다. 큼직한 돌의자 귀퉁이에 '큰별쌤과 한국사를 공부한 별님들'이라고 새겨져 있다. 한국사 강사로 이름을 떨치는 최태성 '쌤'도 가장 존경하는 위인 중에 한 분이 바로 이회영 선생이라고 한다. 지금 우리가 누리는 풍요가 앞서 걸어간 이들의 고단한 발걸음이 거름이 되었다며 강의와 책에서 강조하던 그 이름, 이회영. 이렇게 이회영 기념관의 너른 마당에서 의자에 쓰인 이름을 보니 마치 최태성 쌤이 앞에 계신 것 같다.

  이회영 기념관의 다른 이름은 '벗집'이다. 이회영 선생의 호인 우당友堂에서 따왔다. 구한말에 노비 문서를 불태우고, 과부가 된 누이를 재가시키고, 평민 출신 목사와 어울리며 모든 이와 친구가 된 이회영 선생. 오늘 선생을 만나 참으로 감사한 하루를 보냈다.

(2025. 5)

부산의 다크 투어, 기장 죽성
- 5월 23일의 산책

1592년 5월 23일. 부산진성 앞바다는 왜선으로 까맣게 메워졌다. 듣도 보도 못한 굉음 소리를 내는 조총을 쏘며 파죽지세로 밀려드는 왜군을 막기에 조선군은 중과부적衆寡不敵이었다. 사흘 만에 왜군은 부산을 접수했다.

하늘도 파랗고 바다도 파랗다. 산책하기 좋은 오월이다. 운동화를 신고 길을 나선다. 오늘 내가 걸을 곳은 기장군 죽성리이다. 죽성은 죽성성당으로 유명하다. 이곳은 진짜 가톨릭 성당이 아니고 2009년 SBS 연속극인 『드림』 촬영지이다. 연속극은 저조한 시청률에 끝났지만, 죽성성당은 한국인·외국인을 가리지 않고 관광객을 끌어들인다. 푸른 바다의 끄트머리에 고딕 양식으로 지어진 빨간 지붕의 작은 건물은 그 자체로 아름답다. 시원한 풍광과 아기자기한 건물을 누리는데 돈도 내지 않는다. 그래서인지 부산 기장으로 오는 관광버스는 대부분 죽성성당에 들린다. 오늘도 대구에서 온 버스와 일본인을 태운 버스가 나란히 서 있었다. 부산시민들도 바람 쐬러 나오기 좋은 곳이 죽성성당이다. 그동안 닫혀 있던 내부는 새롭게 단장하여 기장의 명물을 소개하는 전시장이 되었다. 전시된 사진들을 보니 낯익은 장소도 있고, 낯설은 이름도 보인다. 죽성성당을 보았으니 다시 길을 나선다.

야트막하게 보이는 죽성리의 뒷산을 향해 걷는다. 그곳에는 임진왜란 때 만들어진 왜성倭城이 있다. 밀물 밀려오듯 북으로 올라가던 왜군은 평양에서 조·명 연합군에 패하며 다시 썰물 빠지듯 남쪽으로 도망쳐 내려왔다. 강화회담이 진행되는 동안 왜군은 순천에서 울산에 이르는 남·동해안에 왜성을 쌓았다. 서른한 개의 왜성 중에 부산 지역에만 아홉 개나 있다니 이 지역이 받은 핍박이 눈에 뻔하다. 한적한 두호마을을 지나 비탈을 올랐다. 이제 좁은 계단만 올라가면 죽성리 왜성이다. 기대도 잠시, 사유지인 죽성리 왜성에는 우리를 가로막은 울타리가 빈틈없이 서 있다. 혹시나 하는 마음에 기웃거리지만, 송곳조차 들어갈 틈이 없다. 아쉬운 마음으로 자꾸 뒤돌아보며 주차장에 도착하니 일본인 할아버지 여덟 명이 차 두 대를 나눠 타고 와 있었다. 이미 입구가 막혀서 못 올라가는 걸 알고 있는 듯이 주차장에서 왜성만 바라보신다. 그래도 혹시나 연로한 분들이 도전하실까봐 막혀있다고 이야기하니 아쉬운 눈길을 죽성리 왜성에 한 번 더 두고는 차를 타고 떠나셨다. 언젠가 부산·기장 역사에 정통한 향토 사학자에게 들은 적이 있는데, 일본인들은 한국에 있는 조상의 흔적을 잘 찾는단다. 그들의 다수는 사죄의 마음을 담고 있다고 하신 말씀이 생각났다. 일본인 할아버지들의 얼굴에서도 겸손함과 미안함이 보이는 듯했다.

쿠로다 나가마사는 33,000여 명을 동원하여 죽성리 왜성을 축성했다고 한다. 왜군이 사용한 돌은 근처에 있는 두모포진성의 돌이다. 우리의 것을 해체하여 왜성을 쌓았다. 또 2,600여 평이나 되고 해자까지 갖춘 왜성을 쌓은 이들은 미처 피란하지 못한 조선의 백성이다. 왜군은 1598년까지 이 땅에 눌러앉았다. 정유재란 때는 잔인한 가토 기요마사도 이곳에 터를 잡았다. 칠 년간 조선 백성이 겪은 고통은 미루어 헤아릴 수가 없을 것이다. 그런 속에서도 조상들의 질긴 투쟁 끝에 우리는 평화를 되찾았고, 오백 년이 훌쩍 넘은 지금은 풍요로운 세상에 산다. 임진년 전쟁이나 태평양 전쟁에 강제 동원되어 억압받은 조상들의 흔적을 찾는 것은 어쩌면 지금을 살고 있는 우리들의 의무일지도 모른다. 사유지란 이유로 울타리가 있어서 왜성 안에 들어갈 수는 없지만, 우리가 밖에서라도 죽성리 왜성을 보아야 하는 이유이다. 일본인을 태우고 온 운전기사는 우리를 보며 신기해했다. 일본인 할아버지의 발걸음보다 우리의 행보에 더 놀란 것은 아마도 죽성리 왜성을 찾는 한국인을 보지 못했기 때문이란 생각이 든다. 지금은 전쟁의 흔적은 사라지고 평화로운 농촌 마을이 되어 텃밭과 사람 냄새나는 곳이 되었지만, 그곳은 우리의 아픈 역사의 장소임이 틀림없다.

비극적 역사 탐방 Dark Tourism은 1996년부터 쓰이기 시작한 용어이다. 독일의 아우슈비츠, 캄보디아의 킬링필드, 미국의 월드 트레이드 센터 등이 있다. 우리나라는 제주의 4·3항쟁, 광주의 광주민주화운동, 서울에 있는 서대문형무소 등이 대표적이고, 부산에도 일제강제동원역사관이나 가덕도 포진지, 동래읍성 등이 있다. 왜성에도 찾는 이가 많아서 우리 조상들의 고통과 투쟁을 기억하면 좋겠다.

걸어온 길을 다시 돌아 나온다. 죽성성당은 여전히 관광객으로 가득 차 있다. 갈매기를 벗 삼아 갈맷길을 한참 동안 걷다 보니 어느새 대변항이다. 대변의 용암초등학교에는 신미양요 직후에 홍선대원군이 세운 척화비가 있다. 왜성과 척화비. 이질감과 동질감이 같이 느껴진다. 한바탕 걸었더니 등에 땀이 한 줄기 흐른다. 이제 곧 여름이 오는 듯, 햇볕은 따갑고 바람은 시원하다. 찰싹 부딪히는 파도 소리에 눈길을 돌리니, 파란 바다에 하얀 포말을 일으키며 파도가 나에게 달려온다.

(2024. 5)

울며 헤진 부산항

울며 헤진 부산항을 돌아다보는
연락선 난간 머리 흘러온 달빛
이별만은 어렵더라 이별만은 슬프더라
더구나 정들은 사람끼리 음 음 음 음

달빛 아래 허허바다 파도만 치고
부산항 간 곳 없는 검은 수평선
이별만은 무정터라 이별만은 야속터라
더구나 못 잊을 사람끼리 음 음 음 음

*****

가수 남인수 선생은 1942년에 「울며 헤진 부산항」 노래를 부르고 일본 경찰의 조사를 받았다. 이 노래가 일본 제국의 강제 동원을 비판한다는 것이 이유였다. 천황을 위해서는 즐거운 마음으로 만주든 일본이든 가야 한다고 외치던 시절에 이런 노래를 불렀다니 가수의 용기가 놀랍다. 구슬픈 가락으로 눈물을 자아내는 「울며 헤진 부산항」은 부산을 배경으로 하는 첫 번째 노래이기도 하다. 부산 사람도 아니면서 부산의 눈물을 닦아주던 남인수 선생은 해방 후에는 「이별의 부산정거장」으로 피란살이 애환을 노래하였다. 「울며 헤진 부산항」 이후, 일제의 탄압에 굴복하여 친일 노래를 불렀다는 것이 선생에게 평생의 오점으로 남았다. 안타깝다.

가느다란 기타 선율에 구슬픈 가락의 이 노래를 들으면 외할아버지가 생각난다. 언젠가 친정엄마가 일본 어느 지역으로 여행을 가시는데, 친정아빠가 대뜸 "장인어른 징용 갔던 곳으로 여행가네."라고 말씀하셨다. 엄마는 들으셨는지 못 들으셨는지 별말씀이 없었는데, 나는 그 순간 아찔했다. 외할아버지가 강제 동원되셨다니. 영화 『군함도』처럼 돌아오지 못하고 세상을 뜨셨다면, 나는 이 세상에 없었을 것이다. 그 뒤로 강제 동원 피해자들의 외침은 외할아버지의 목소리로 들렸다.

부산은 일제의 강제 동원 때문에 눈물을 많이 흘렸다. <국립일제강제동원역사관>도 부산에 있다. 정신대 - 위안부 할머니들의 한 많은 관부 재판을 담은 영화『허스토리』도 부산이 배경이다. 일본으로 차출되던 사람들은 부산항에서 시모노세키까지 배를 타고 건너갔다. 하관(시모노세키)과 부산의 이름을 딴 관부연락선이 줄을 이어 바다로 나갔다. 부산 서구에 있는 임시수도기념관에서「울며 헤진 부산항」을 듣는데, 눈물이 핑 돌았다. 외할아버지를 떠나보내야 하는 외증조할머니의 모습도 보이고, 연락선에 서서 멀어지는 부산 땅을 바라보는 외할아버지의 모습도 보였다. 내가 부산에 살고 있으니 이 노래가 더 선명하게 들렸다.

아이들과 함께 <국립 일제강제동원역사관>을 찾았다. 아이들과 징병, 징용, 위안부 등 강제 동원의 종류와 끌려간 이들의 비참한 삶을 살펴보았다. 그들은 때로는 돈을 많이 벌게 해준다는 거짓말에 속았고, 때로는 강제로 끌려갔다. 조선으로 보내준다고 강제로 거둬간 돈은 일본인들이 떼먹었다. 구사일생으로 살아서 집에 돌아오니 땡전 한 잎 없더라는 증언에는 화가 났다. 지금 일본의 전범 기업들은 월급을 다 줘서 책임이 없다고 우긴다. 강제 노역에 돈까지 떼먹어놓고는 정말 수치도 염치도 양심도 없다. 벽면을 가득 채운 지도에는 강제 동원으로 끌려갔던 곳의 위치가

표시되어 있다. 강제 동원의 지리적 범위가 생각보다 훨씬 넓어서 깜짝 놀랐다. 외할아버지는 "어디쯤 계셨고, 어떻게 살아서 돌아오셨을까?" 하는 생각이 들었다. 어디에서든 살아 돌아오신 것이 기적이다.

친정엄마에게 전화를 걸었다. 엄마는 아빠와 다른 이야기를 하신다. 외할아버지는 강제 '징용'이 아니고 강제 '징병'되어서 만주로 끌려가셨단다. 외할머니가 그런 이야기를 자주 해주셔서 기억하신단다. 일본이든 만주든 외할아버지가 살아오셔서 다행이다. 외할아버지는 만주행 기차를 타고 북쪽으로 올라가셨을 것이다. 잠시 잘못된 정보였지만 「울며 헤진 부산항」에 담긴 의미를 되새겨봐서 좋았다. 외할아버지가 일본으로 가셨다는 생각에 내 노래처럼 들으니, 아빠의 착각이 오히려 큰 소득을 주었다. 살아 계셨다면 외할아버지는 올해 연세가 백 살이다. 일제 강점기 강제 동원이라는 끈으로 외할아버지를 오래간만에 떠올렸다.

외할아버지는 원래도 말수가 없으셨는데, 이른 연세에 중풍에 걸려 더 말씀이 없으셨다. 처음 내가 어른 자전거를 타게 된 날, 외할아버지는 너무 좋으셨는지 한 바퀴 돌 때마다 천 원씩 주셨다. 아마도 좁은 골목을 열 바퀴는 돌았던 것 같다. 외할아버지는 하나뿐인 손녀딸이 자전거를 타는 모습이 예뻤는지 불편한 몸으로 꼿꼿하게 서서 나를 바라보셨다. 노을이 주홍빛으로 곱게 물들어갈 때, 외할아버지와 나의 모습은 한 폭의 동화처럼 남아 지금도 기억된다.

해방된 지 벌써 78년이나 지났다. 강제 동원 문제 해결에 실마리가 보이지 않는다. 식민지와 전쟁에 대하여 반성이 없는 일본은 무조건 버틴다. 그러는 사이에 강제 동원 피해자들은 한분 두분 저승 강을 건넌다. 강제 동원 피해자가 모두 세상을 떠나면 일본의 '강제 동원'은 없는 일일까. 살아계신 분들을 위해서도 돌아가신 분들을 위해서도 올곧게 매듭이 지어지면 좋겠다. 「울며 헤진 부산항」의 슬픔과 한은 여전히 현재진행형이다.

(2023. 8)

현충일에 – 장산 모정원에서

가끔 오르던 (해운대구) 장산이다. 그러나 오늘의 발걸음은 특별하다. 현충일 행사 참석을 위해 모정원에 가는 길이기 때문이다. 대천공원에서 모정원까지 2km 길의 이름은 <애국지사 강근호 길>이다. 청산리 대첩의 중대장 강근호 지사가 잠시 잠들었던 곳. 그곳의 이름이 모정원母情苑이다.

<애국지사 강근호길>을 걸으며 강근호 지사와 이정희 여사를 생각한다. 강근호 지사는 열여덟 살부터 반일 운동에 나섰고, 신흥무관학교에서 훈련받은 후에 청산리 대첩에 참전하셨다. 또한 홍범도 장군과 함께 자유시 참변을 겪고, 이르쿠츠크 감옥에서 고난을 겪으셨다. 광복 후에는 대한민국의 육군사관학교에 입

학하여 6·25전쟁도 참전하였다. 사람에게는 인연이란 것이 있는가 보다. 평생 독립운동에 매진하느라 가정을 이루지 못한 강근호 지사에게 여생을 함께 할 동지가 생겼다. 강근호 지사가 연대장으로 있던 부대에 이정희 여사가 정보요원으로 근무했다. 이정희 여사는 신흥무관학교를 세운 이회영 선생의 육 형제 중의 한 분인 이시영 부통령의 증손녀이다. 신흥무관학교라는 공통분모가 그분들을 자석처럼 끌어당겼나 보다.

강근호 지사는 전역 후에 부산 영도에서 사시다가 돌아가시고, 홀로 남은 이정희 여사는 국가재건운동을 하면서 장산 개척단을 꾸려 퇴역군인의 살길을 만들어 주었는데, 그때 강근호 지사의 유해를 잠시 장산 모정원에 모셨다. 지금 강근호 지사와 이정희 여사는 대전현충원에 나란히 잠들어 계신다. 두 분이 진짜 인연인 것은 이정희 여사께서 돌아가신 날이 청산리 대첩 기념일인 10월 21일이다. 평생을 동지로 사셨던 두 분께 10월 21일은 가장 의미 있는 날이다.

오늘은 제53사단 코끼리 여단에서 현충일 추념식을 준비한다. 그동안 유족과 <애국지사 강근호 선생 기념사업회>에서 삼일절, 현충일, 광복절, 청산리 대첩 기념일에 모정원을 개방하여 관람

객을 맞이하곤 했다. 이제 현충일에는 군부대에서 나서서 준비한다니 기대가 크다.

아침부터 아이들을 재촉하여 산을 오른다. 벌써 찾아온 더운 날씨에 땀이 난다. 장산의 중턱 탁 트인 곳에 있는 모정원은 시원한 바람으로 우리를 반겨주었다. 벌써 유족들과 기념사업회에서 준비한 차와 다과가 차려져 있고, 군인들과 군악대가 예행연습을 하고 있다. 잠시 땀을 식히니 행사 시간이 되었다. 군에서 주최하는 행사는 처음 보는 거라 신기했다. 소개와 인사가 있을 때마다 군악대는 듣기 좋은 소리를 연주한다. 야외에서 멋진 음악을 듣다니, 마치 아침부터 서둘러 나온 것에 대한 보상을 받은 기분이다. 군인 한 명이 가곡「선구자」를 부른다.

> 일송정 푸른솔은 늙어 늙어 갔어도
> 한줄기 해란강은 천년두고 흐른다
> 지난날 강가에서 말 달리던 선구자
> 지금은 어느 곳에 거친 꿈이 깊었나
>
> 용두레 우물가에 밤새 소리 들릴 때
> 뜻깊은 용문교에 달빛 고이 비친다
> 이역 하늘 바라보며 활을 쏘는 선구자

지금은 어느 곳에 거친 꿈이 깊었나

용주사 저녁종이 비암산에 울릴 때
사나이 굳은 마음 길이 새겨 두었네
조국을 찾겠노라 맹세하던 선구자
지금은 어느 곳에 거친 꿈이 깊었나

    살면서 수십 번도 더 들은 노래지만, 오늘은 새롭다. 정말 어려운 길을 앞서서 나가며 한평생 조국을 위한 길을 걸은 강근호 지사에게 어울리는 노래이다. 「선구자」는 독립운동하는 청년이 쓴 시에 조두남 작곡가가 만주 용정의 한 여관에서 곡을 붙였다고 한다. 고향에서 반일 운동으로 경찰의 수배를 받게 되자 강근호 지사는 용정으로 망명한 후 3·1운동에 참가하셨다. 여러 가지로 강근호 지사에게 아주 잘 어울리는 노래이다.

    이어서 한 여류 시인이 이육사 시인의 「광야」를 낭송한다. 기품있고, 낭랑한 목소리에서 나오는 광야曠野. 지난 달에 안동에서 이육사 시인의 따님이신 이옥비 선생님을 만나 뵙고 온 터라 구절마다 가슴에 쏙쏙 박힌다. 우리나라가 광복을 맞은 지도 벌써 78년이다. 언제나 생각한다. 독립지사들의 목숨을 내건 열정이 없었다면 우리의 삶은 어땠을까. '선구자'와 '백마 타고 온 초인'

이 있어서 우리는 지금 자유를 누리며 풍요로운 세상에 산다.

고등학교 국사 수업에서 일제 강점기 부분이 제일 어려웠다. 구한말부터 해방될 때까지는 반만년 우리 역사에서 가장 격변의 시기였다. 만주, 간도도 헷갈렸고, 북로군정서와 서로군정서는 외워도 외워도 어려웠다. 독립운동가들의 비밀스럽고 빠른 움직임만큼이나 많은 단체가 생기고 없어지고 사건들도 많았다. 시험에 나올만한 것만 열심히 외우고 나머지는 포기했다. 하지만 어른이 되어 바라본 일제 강점기의 독립운동은 우리가 잊어서는 안되고 대충 알아도 안되는 우리의 소중한 역사이다.

내가 선택한 방법은 글자로 외우는 것보다 장소를 찾아가는 것이다. 독립운동 역사를 배우기 좋은 곳들이 생각보다 많다. 부산에만 해도 가까이에는 장산 모정원이 있고, 동래구에 가면 3·1 운동이 벌어진 동래 시장과 박차정 의사(의열단 김원봉의 부인) 생가도 있다. 안중근 의사의 여동생이자 독립운동가인 안성녀 지사의 묘소는 부산 남구 용호동 가톨릭 묘지에 있다. 일제 강점기에 일본으로 징용, 징병 끌려가던 이들이 대부분 부산에서 출발해서인지 <국립 일제강제동원역사관>도 부산에 건립되었다. 빠르게 변하는 역사의 수레바퀴 속에서도 독립운동가의 발자국은 여전히 남아 있다.

한 시간여의 현충일 추념 행사가 끝나고 유족들이 준비한 차와 떡을 맛있게 먹었다. 큼직한 연지에 연꽃이 활짝 피었다. 맑은 마음으로 독립운동에 매진한 강근호 지사에게 어울리는 연꽃차이다. 하늘도 아는지 오늘 날씨 참 좋다.

(2023. 6)

장기려 박사님을 만나는 초량 이바구길

　38번 시내버스가 산복도로를 달린다. 꼬불꼬불 산 중턱을 한참 가다 보니 어느새 초량 꼭대기에 도착했다. 정류장에 내려 저 멀리 부산항대교를 바라보니 가슴이 탁 트이고 상쾌한 바람이 기분 좋게 인다.

　부산은 피란 도시이다. 피난 말고 피란이라는 단어를 부산에서 배웠다. 피난避難은 자연재해를 피해 몸을 옮기는 것이고, 피란避亂은 전쟁을 피해 옮겨가는 것이다. 6·25 전쟁 때, 부산은 저 멀리 함흥에서부터 밀려 내려온 피란민들로 가득 찼다. 그들은 비탈길에 천막을 쳤다. 그 천막집은 판잣집이 되었고, 판잣집은 다시 벽돌집이 되었다. 비뚤비뚤한 길, 좁은 골목, 집과 집이 엉켜 있어 마치 미로 같다. 부산에는 이런 피란촌들이 많다. 감천문화마을, 아미비석마을, 흰여울문화마을 그리고 초량 이바구길이다. 피란민들의 팍팍한 쉼터는 지금 부산의 중요한 관광지가 되어 많은 인파로 북적인다. 고달픈 삶의 상징이었던 언덕마을이 이제 관광의 상징이라니. 참으로 모순적 상황이다.

초량 이바구길은 초량 초등학교에서 시작한다. 초량 초등학교를 지나고 안창호 선생도 다녀가셨다는 초량 교회를 지나면 가파른 계단이 나온다. 이 168계단이 초량 이바구길의 상징이다. 마치 자연적으로 만들어진 것처럼 비뚤비뚤한 계단에 정감이 간다. 계단 사이사이에 '이바구(이야기)'가 있어 따스한 시간 여행도 함께 한다. 언젠가부터 노약자가 대부분인 주민들을 위해 168계단 옆에 경사형 엘리베이터가 설치되어 편의와 즐거움을 같이 누린다.

꼭대기 전망대에 서서 멀리에서 불어오는 바닷바람을 긴 호흡으로 들여 마시고 길을 걷는다. 발걸음이 향하는 곳은 <장기려 더 나눔센터>이다. 장기려 박사를 만난 것은 나에게 큰 행운이다. 장기려 박사는 국민건강보험이 생기기 전에 자영 의료보험 조합인 '청십자 의료보험 조합'을 만드는 데 크게 이바지하였다. 하루

벌어 하루 사는 팍팍한 살림에 병이 들어도 고칠 형편조차 안 되는 사람들을 위해 조합 병원을 열고 달마다 소액을 모아 나중에 아프면 쓰게 하자는 것이 장기려 박사의 생각이었다. 가난한 사람들은 그 덕에 병이 나도 걱정 없이 저렴하게 치료받을 수 있었다. 평생을 가난한 사람을 위해 사셨던 분이시라 말년에 머물 곳이 없었다. 그때 지인이 마련해 준 단칸방이 이 초량 꼭대기의 집이다. 이제 주인은 떠나고 없지만, 주인의 뜻을 기리는 장소가 되어 많은 이들에게 깊은 감동을 준다. 평생 독실한 기독교인이었던 장기려 박사는 1995년 12월 25일 새벽에 떠나셨다. 예수님이 태어나신 날에 예수님의 품으로 돌아가신 장기려 박사는 어쩌면 예수님이 진정 바라는 제자가 아니었을까.

세상에는 넘쳐나는 위인들이 많다. 아이들에게 위인전을 읽히며 그들의 탁월한 점을 본받게 한다. 위인으로 불리는 사람들은 시대에 따라 변한다. 내가 어렸을 때만 해도 정치가, 발명가, 장군 등이 위인전의 주인공들이었으나, 지금은 운동선수, 연예인, 사업가 등등 그 범위가 확대된다. 하지만 과연 유명한 사람이라고 무조건 위인이라 해도 될까? 내가 어렸을 때는 위인전을 가리지 않고 많이 읽었지만, 막상 내 아이에게 위인전을 읽히려 하니 다른 생각이 들었다. 그들이 열심히 노력하여 그만한 위치에 오른 것은 맞다. 하지만 철저하게 본인을 위해 살았다면, 그 삶을 존경할 필요는 없지 않을까. 우리가 주목해야 할 위인의 삶은 어떠해야 할까. 장기려 박사와 같은 분의 삶이야말로 진정 존경받아 마땅하다. 평생을 무소유로 인간을 위한 의술을 펼치시고 그 공로로 국가로부터 훈장도 받았다. 그렇지만, 특혜는 단호하게 거부하였다. 장기려 박사는 고향이 이북이다. 6·25 전쟁 때 남하하여 부산에 계셨다. 미처 함께 오지 못하고 이북에 두고 온 부인이 사무치게 그리웠지만, 정부가 특별히 만남을 주선하자 거절한 것이다. 마음으로 존경하면서, 그분의 삶을 되새기며 감사한 마음을 갖는다. 초량은 장기려 박사를 만날 수 있기에 더 특별하다.

장기려 박사를 만나고 168계단으로 향한다. 가파른 168계단마다 지붕이 낮은 집들이 그려져 있다. 계단을 내려오다가 잠시 샛길로 빠져 김민부 전망대로 발걸음을 돌린다. 김민부 시인의 「기다리는 마음」에 평생 가족을 기다렸을 장기려 박사의 마음이 중첩된다.

    일출봉에 해 뜨거든 날 불러주오.
    월출봉에 달 뜨거든 날 불러주오.
    기다려도 기다려도 님 오지 않고

빨래 소리 물레 소리에 눈물 흘렸네.

봉덕사에 종 울리면 날 불러주오.
저 바다에 바람 불면 날 불러주오.
기다려도 기다려도 님 오지 않고
파도 소리 물새 소리에 눈물 흘렸네.

(2025. 5)

민주주의와 자유 — 4·19 혁명 65주년을 맞이하며

2024년 12월 3일 22시 23분. 대통령은 '반국가세력 척결'을 주장하며 국회를 봉쇄하고 집회 결사의 자유를 금하고 이를 어기면 '처단'한다고 발표했다. 그렇게 비상계엄이 선포되었다. 45년 만의 계엄선포, 아니 친위 쿠데타였다. 21세기의 내란은 잠자고 있던 세포들을 깨웠다. 그날부터 나는 깨어났다. 척결되고 처단되어야 하는 대상은 불법 계엄을 선포하고 옹호한 독재와 반민주 세력이다.

주말마다 부산의 중심인 서면 거리에서는 탄핵 집회가 열렸다. 많은 사람이 휴일을 반납하고 토요일 4시만 되면 서면으로 모였다. 귀가 시리도록 추운 바람이 쌩쌩 불든, 비가 추적추적 내리든 시간만 되면 발걸음은 뚜벅뚜벅 광장으로 향했다. 거리는 같은 마음을 가진 많은 사람이 모여 커다란 광장이 되었다. 많은 이야기와 많은 노래와 많은 영상을 함께 나눴다. 곁에 앉아 있는 사람들을 보면 더 큰 힘이 났다. 어린아이들을 데리고 나와 어깨가 아프도록 안고 있는 젊은 부부들, 직장에서 막 퇴근한 듯 정장에 구두를 신은 사람들, 하얀 머리가 듬성듬성한 할아버지들, 뽀글뽀글 파마한 할머니들. 새내기의 풋풋함이 팍팍 나는 대학생들, 정말 다양한 사람들이 모였다. 다양한 사람들만큼 다양한 깃발이 바람에 나부꼈다. 정당 깃발, 단체 깃발, 지역 깃발은 물론 마녀 깃발, 게임 깃발, 무지개 깃발 등을 세차게 흔들며 존재를 과시했다. 우리는 모두 간절했고, 우리가 바라는 것은 하나였다. 민주주의. 내가 광장에 나가는 이유이다.

집회한다고 한 시간 도로에 앉아 있고, 행진한다고 한 시간 도로를 걷고 나면 다리가 아프지만, 같이 걷는 낯선 사람들과 연대감을 느끼며 힘을 받는다. 행진 마무리에 소녀시대의 「다시 만난 세계」를 부르며 우리가 바라는 세계를 소망한다. 함께 간 아이들도 처음에는 소극적으로 응원봉을 들다가 어느 순간부터 구호 소리가 커지고, 응원봉도 더 높이 올라간다. 촛불에서 응원봉까지. 빨주노초파남보 번쩍번쩍 빛을 내는 응원봉이야말로 깃발만큼이나 다양성을 보여주며 빛의 혁명을 이끌었다. 지난 몇 달 동안 나는 주문을 외듯, '우리의 소원은 민주, 꿈에도 소원은 민주'를 중얼거린다. 내가 이렇게 자유롭게 살아가는 것은 민주주의가 가져온 결과이고, 이제 그 자유를 지키기 위해서는 민주주의를 제대로 세워야 하기 때문이다.

봄이 왔지만, 광장은 여전히 추웠다. 내란 우두머리 윤석열의 구속취소 소식은 더 많은 사람을 광장으로 끌어냈고, 변론이 끝난 지 한 달이 지나고도 묵묵부답 답이 없는 헌법재판소를 향해 사람들은 다시 모여들었다. 부산에서도 '파면 버스'를 타고 서울로 향했다. 우리 집을 대표하여 나도 파면 버스에 몸을 실었다. 추운 날씨에 단단히 차려입고, 단단히 준비하며 마음을 굳게 잡았다. 자정 무렵 서울에 도착했더니 24시간 철야 집중 행동은 이미 시작되어 진행하고 있었다. 은박깔개에 앉아 은박담요를 덮으니, 생각보다 따뜻했다. 마치 인간 키세스*가 천 개의 돌탑을 세운 것처럼 보였다. 밤샘 집회는 2시간 진행되고, 1시간 쉬는 것이 반복되었다. 쉬는 한 시간 동안 하늘의 별을 지붕 삼아 쪽잠을 잤다. 초승달이 걸린 하늘은 청아하고 맑았다. 낯선 이들과의 하루

---

* 은박지로 포장된 원뿔 모양의 허쉬 초콜릿. 은박담요를 둘러쓰고 앉은 모양이 키세스 초콜릿과 닮아 '키세스 시위대'라 불렸다.

는 우리의 확신을 확인시켜 주었다. 반드시 우리가 이길 것이라고. 드디어 2025년 4월 4일 10시 22분에, 8 : 0 헌법재판관 전원일치의 의견으로 '윤석열 대통령 파면'이 선고되었다. 이 당연한 결과에 눈물이 흘렀고, 우리는 이제 승리의 함성을 지르기 위해 다시 광장으로 모였다. 두 시간여 동안 신나는 축제가 열렸다. 끝내 시민이 이겼고, 민주주의가 승리했다. 대한민국 국민으로 자랑스러움이 벅차올랐다.

민주주의를 꽃피운 고대 아테네는 왕정과 귀족정과 참주 정치가 이어지던 도시국가였다. 참주의 폭압 정치에 아테네인들이 들고일어나 그들을 추방했고, 국가의 권력을 민중이 나눴다. 헤로도토스는 『역사』에서 이렇게 말했다. "아테네는 그렇게 점점 강성해졌다. 그리고 법 앞의 평등이 어느 면에서가 아니라 모든 면에서 얼마나 소중한 것인지 밝혀졌다. 왜냐하면 아테네인들이 참주들의 지배를 받는 동안에는 전쟁에서 어떤 나라도 능가할 수 없었지만, 참주들에게서 벗어나자, 세상에서 가장 뛰어난 전사들로 거듭났기 때문이다." 그리고 그렇게 스스로 도시의 주인이 된 다음에는 막강한 페르시아의 공세에 굴하지 않고 끝내 전쟁에서 승리를 이끌었다. 자유는 그런 것이다.

우리 민족도 강압적인 무단 통치에도 불구하고 결국 일본을 몰아냈고, 민중을 탄압하는 폭력적인 독재자들을 끌어내렸다. 이십 세기의 대한민국은 그렇게 사람들이 흘린 피로 완성되었다. 1987년 이후 대통령의 실정과 무능은 있었을지언정 민주주의가 위협받지는 않았다. 시민들은 투표를 통해 민주주의를 실현했고, 우리는 민주주의가 주는 달콤한 자유를 맛보며 살았다. 영화로만 보던 독재정치는 그 시대를 겪은 사람들에게도, 그 시대를 겪지 않은 나 같은 사람들에게도 공포를 준다. 다시는 예속되어 살 수 없다는 간절함이 모여 빛의 혁명을 이루었다. 자유는 모든 사람이 공감하는 보편적 정의이고 낯선 사람들과의 연대감에서 빛을 발한다.

2025년 4월 5일 자 경향신문의 1면은 단 15글자 「끝내, 시민이 이겼다. 다시, 민주주의로」라고 채워졌다. 신문을 벽에 걸어 놓았다. 그 문장들과 마주칠 때, 가끔 가슴 벅찬 눈물이 맺힌다. 다디단 눈물이 쓰디쓴 눈물이 되지 않도록 깨어있는 마음으로 살아야겠다. 4·19 혁명 65주년을 맞이한 오늘도 광장에 서서 민주주의를 생각한다.

(2025. 4)

독서수필

언젠가 우리가 같은 별을 바라본다면 - 차인표

뿌려 놓은 사금처럼 백두산의 밤하늘을 수놓던 별들도 오늘은 모두 자취를 감추었습니다. 별 하나 없는 밤하늘이 먹물을 풀어놓은 것처럼 새까맣기만 합니다.

*****

2024년 여름에 차인표의 『언젠가 우리가 같은 별을 바라본다면』이 영국 옥스퍼드 대학교 한국학 필수 도서로 선정되었다는 소식이 대서특필되었다. 배우 차인표로만 알았는데, 그는 장편소설을 세 편이나 출간한 작가였다. 걷는 걸음마다 선이 굵은 획을 그어 온 차인표지만, 작가 차인표는 정말 생소했다. 심지어 나는 오래전부터 그의 팬이었는데, 소식이 늦어도 한참 늦었다.

『언젠가 우리가 같은 별을 바라본다면』을 읽으려고 했을 때, 단순한 독서를 떠나 이 책이 '왜' 한국학 필수 도서로 선정되었는지 궁금했고, 그동안 그가 보여준 모습을 봤을 때 '어떤' 내용을 담고 있을까 궁금했다.

1. 『언젠가 우리가 같은 별을 바라본다면』은 어떤 내용일까.

차인표는 책 말미에 캄보디아에 사는 훈할머니의 이야기를 소개했다. 훈할머니는 열여섯 살에 일본군 위안부로 끌려갔다가 겨우겨우 살아남았고, 1997년에 한국에 잠시 방문하여 가족과 상봉하였다. 나는 2023년에 SBS 『꼬리에 꼬리를 무는 이야기』를 통해 훈할머니의 눈물로 가득한 인생 이야기를 이미 알고 있었다. 차인표는 훈할머니에 대한 안타까움과 분노를 담아 1998년에 단편소설을 썼다. 하지만 저장했던 노트북의 고장으로 소설은 소실되고 그렇게 시간이 흘렀다. 2006년 봄에 다시 할머니들의 이야기를 써야겠다고 생각한 차인표는 제일 먼저 백두산을 찾았고, 2007년에는 위안부 할머니들이 살고 계시는 <나눔의 집>을 다녀왔다. 오랜 수정을 통해 2009년에서야 『잘가요 언덕』이라는 이름으로 책이 세상에 나왔다. 2021년에 다시 출판하면서 『언젠가 우리가 같은 별을 바라본다면』으로 제목이 바뀌었다.

『언젠가 우리가 같은 별을 바라본다면』을 읽고 있으면 마치 차인표의 목소리를 듣는 기분이다. 그는 차분하게 백두산 호랑이 마을에서 벌어지는 일을 들려준다. 작가는 먼저 일제 강점기에 살던 청춘들이 겪는 시대의 아픔을 위로한다. 이어서 민족의 명산이라는 백두산의 정기와 자연을 소개한다. 그다음으로는 일본이 저지른 만행과 범죄를 폭로하고 고발한다. 훈할머니처럼 소녀 시절을 빼앗긴 채 일본군의 위안부가 되어 일본군이 가는 곳마다 끌려간 나라 잃은 어린 소녀들이 주인공이다.

『언젠가 우리가 같은 별을 바라본다면』은 새끼 제비가 백두산 천지의 물을 박차고 오르면서 시작한다. '물찬 제비' 또는 '공중 제비'를 하는 새끼 제비는 독자에게 이야기를 들려주는 화자이다. 작품의 시간적 배경은 1931년과 1938년이다. 십 대 초반의 아이들이 십 대 후반의 청춘이 되어 역사의 소용돌이에 빨려 들어간다. 『언젠가 우리가 같은 별을 바라본다면』은 여러 군데에서 장면이 연결된다. 엄대네 소를 잡아가는 호랑이의 모습은 나중에 순이를 낚아채서 도망가는 용이의 모습으로, 포수들의 쇠 덫이

용이 발목을 꽉 물어버릴 것이라는 느낌은 나중에 실제로 용이의 발목을 잡는 덫으로, 호랑이 마을에 해를 끼치는 어미 호랑이 육발이는 죽지만, 자식 육발이는 자신을 살려준 용이에 대한 은혜를 갚기 위해 다시 등장하며 이어진다. 또 아이를 많이 낳고 싶은 순이의 바람은 샘물 할머니의 십 수명의 자손으로 실현된다. 또한 순이를 구하려는 일본 장교 가즈오와 돈만 생각하는 조선인 장포수의 대립은 역설적이다. 순이를 구하기 위해 목숨을 내놓은 가즈오 마쯔에다는 여러 가지 의미가 있다. 그는 선량한 일본인이기도 하고, 일본 제국의 범죄에 대한 제물이기도 하고, 또 자신의 욕심을 위해 순이를 차지하려는 일본 제국 그 자체이기도 하다. 그는 마지막에 순이에게 참회와 용서를 구하는 말을 하는데, 이때 제비가 흘린 눈물은 공감과 용서의 의미를 담는다.

2. 『언젠가 우리가 같은 별을 바라본다면』이 왜 옥스퍼드 대학교의 한국학 필수 도서로 선정되었을까.

『언젠가 우리가 같은 별을 바라본다면』이 '왜 옥스퍼드 대학교의 한국학 필수 도서로 선정되었을까'를 생각했다. 한국학 교재라면 한국적인 것을 드러내면서 한국인의 정서와 한국어를 가장 잘 살린 책일 것이다.

『언젠가 우리가 같은 별을 바라본다면』은 간결한 문체와 풍부한 어휘가 아름답게 표현되어 있다. 또한 우리말의 특징을 잘 살려주는 의성어·의태어가 샘물처럼 넘친다. 이런 흉내말은 사물을 더 아름답게 표현하고 생동감을 준다. '울퉁불퉁, 꼬불꼬불, 몽실몽실, 모락모락, 휘적휘적, 그렁그렁, 조근조근, 슬금슬금, 성큼성큼, 빙글빙글, 방울방울, 뭉툭뭉툭, 두런두런, 땡글땡글, 흘깃흘깃, 뉘엿뉘엿, 구석구석, 꼬물꼬물, 뚜벅뚜벅, 주렁주렁, 방긋방긋, 고래고래, 쌔근쌔근, 비틀비틀, 오글오글, 첨벙첨벙, 바들바들….' 앞뒤가 반복되는 말들은 우리말이 가진 아름다운 말멋이고 말맛이다. 우리는 익숙하게 사용하는 말이라 그 말의 아름다움을 모르지만, 미국에서 살았던 차인표는 아름다운 우리말에 대해 많이 생각했을 것이다. 『언젠가 우리가 같은 별을 바라본다면』에 나온 백여 개가 넘는 흉내말을 정리하면서 흉내말이 이렇게 많았나 싶어서 깜짝 놀랐다.

『언젠가 우리가 같은 별을 바라본다면』은 백두산의 자연을 있는 그대로 소개한다. 백두산의 주인공은 한자어나 영어가 아닌 아름다운 우리말 꽃들이다. '연분홍 구름국화꽃, 노란 애기똥풀

꽃, 새하얀 박새꽃, 진분홍 털개꽃, 자주빛 두메자운, 노란 애기금매화, 노랑만병초… 꿀밤나무, 이깔나무, 가문비나무, 사스래나무, 장군풀….' 이 땅의 순이처럼 수많은 들꽃은 우리 땅을 상징한다. 꽃들 이외에도 '제비, 호랑이, 풍산개, 소, 돼지, 말, 곰, 독수리, 늑대' 등 우리말로 된 동물들도 등장한다.

『언젠가 우리가 같은 별을 바라본다면』은 시대의 아픔을 노래한다. 아무리 재미있는 책이라도 시대를 위로하는 책을 따라가지 못한다. 세계적인 문학상을 받는 책들의 목록만 봐도 그렇다. 그런 맥락에서 옥스퍼드 대학교가 우리 시대의 순이와 용이를 위로하는 시대정신이 담긴 『언젠가 우리가 같은 별을 바라본다면』을 선택했을 것 같다.

3. 『언젠가 우리가 같은 별을 바라본다면』에서 용서의 의미는.

황포수와 용이는 가족을 앗아간 백호를 찾아 지리산에서 백두대간을 따라 백두산까지 올라왔다. 황포수와 용이가 똑똑히 보았다는 백호는 신기루일까. 백호를 보았다는 사람은 아무도 없다.

결국 백호는 『언젠가 우리가 같은 별을 바라본다면』에 끝내 나오지 않는다. 순이는 힘들게 참고 견디는 용이에게 백호를 용서하라고 말하는데, 용이는 "상대가 빌지도 않은 용서를 어떻게 해야 하는지 모르겠어."라고 말한다. 작가는 일본의 뻔뻔함을 비판하면서도 할머니들을 위해 일본이 진정한 사죄를 하여 할머니들 가시는 길이 편안하길 바란다. 어쩌면 일본 장교 가즈오는 작가의 바람이 투영된 인물일 수도 있겠다.

『언젠가 우리가 같은 별을 바라본다면』을 두 번 읽었다. 똑같은 곳에서 눈물을 흘리고 똑같은 곳에서 책을 잠시 멈췄다. 조근조근 대화하듯 담담하게 쓰인 이 이야기는 샘물이의 고장 난 눈물샘처럼 우리의 눈물샘을 자극한다. 『언젠가 우리가 같은 별을 바라본다면』을 모두에게 추천한다.

04
여행의 즐거움

사람의 향기가 남은

오래간만에 사진첩을 펼친다. 한 장씩 넘기면서 그 순간, 그 장소, 그 사람을 회상한다. 입가에 슬며시 미소가 지어진다. 이차원 평면 사진이지만, 입체적인 사진이 벌떡 일어나 나를 생생한 그곳으로 안내한다.

어렸을 때부터 세계에 관심이 많았다. 어린 시절 가장 많이 하던 놀이는 부루마불*이었고, 두 번째 놀이는 동생들과 하던 각 나라의 수도 맞추기 빙고 놀이였다. 놀이하면서 자연스럽게 외우게 된 나라들에 언젠가는 꼭 가보겠다고 생각했다. 그런 결심 덕

---

* 세계여행을 하며 도시를 사고 호텔 등 건물을 지어 경유자에게 이용료를 받는 놀이

분인지 여행을 좋아한다. 여행은 그 나라의 풍경, 음식, 문화 등 다양한 추억을 남겨준다. 그러나 그중에서 가장 중요한 추억은 사람이다. 그 사람 때문에 도시가 소중해진다.

    TV에서 파리의 에펠탑을 보면 내가 그 에펠탑에 올랐다거나, 에펠탑 앞 잔디광장에서 쉬었다든가 하는 추억보다 먼저 생각나는 식당이 있다. 에펠탑에서 이십여 분 거리에 숙소를 얻고 에펠탑에 다녀오는 날이었다. 에펠탑 앞 광장에서 파리지앵처럼 맥주를 한 병 마셨다. 호화로운 야경을 감상하다가 집으로 돌아오는 길에 급하게 화장실을 찾게 되었다. 이미 깜깜한 밤이었고, 급하니 숙소를 찾기가 더 힘들었다. 결국 어느 식당에 들어가 짧은 영어로 "토일렛, 플리즈"라고 말했다. 젊은 사장은 흔쾌히 "오케이"라며 화장실을 알려주었다. 부끄러운 마음에 고맙다는 인사를 남기고 서둘러 나왔다. 다음날 그 식당을 찾아서 저녁을 먹기로 했다. 나름 은혜 갚은 까치가 되고 싶었다. 그런데 이 식당인 것도 같고 저 식당인 것도 같아서 찾을 수가 없었다. 전날 이미 길을 한바탕 헤맨 끝에 들어간 식당이어서 뚜렷이 기억할 수가 없는 게 당연했다. 점점 배가 고파져 찾는 것을 포기하고 가까운 식당에 들어가 주문하고 화장실을 갔는데, 특별한 문양의 화장실 수전을 보니 바로 어제의 그 식당이었다. 그 식당으로 안내해 준

신께 감사 인사를 드렸다. 나와 가족은 제대로 찾았음에 신났고, 남편이 어제 베풀어 준 호의에 다시 한번 감사하다고 인사를 했다. 마음씨 좋은 사장의 음식은 맛있었고, 우리는 다음날도 그 식당에서 저녁을 먹었다. 지금도 파리를 생각하면 '예술장인Les Artisans'이라는 이름을 가진 그 식당이 생각난다.

또 이런 일도 있었다. 두 살인 첫째와 뱃속의 둘째를 데리고 튀르키예 이스탄불을 여행했다. 유럽과 아시아를 나누는 헬레스폰토스 해협에서 폭이 가장 좁은 지역이 루멜리라는 곳인데 그곳에 오스만 튀르크 시절의 성벽 루멜리 히사르가 있어서 구경하러 갔다. 성벽을 보고 근처 작은 닭고기 요리 가게에 들어갔다. 주문하고 음식을 기다리는데 음식을 포장해 가려던 어느 노신사가 우리에게 말을 걸었다. 한국에서 왔다고 하니 한국과 튀르키예는 형제의 나라라며 - 튀르키예인들은 6·25 전쟁 때 유엔군으로 참전했는데, 그 뒤로 우리나라를 형제국이라 여긴다 - 반가워하시고 아이들의 미래를 진심으로 축복해 주셨다. 그것만으로도 기억에 남을 일인데 나중에 계산하려고 보니 우리의 음식값도 지불하고 가셨다. 몇 년 후 다시 이스탄불을 찾았을 때 그 식당을 찾아갔다. 닭고기 요리 쾨프테가 특별히 맛있기도 했지만, 얼굴도 생각나지 않고 스치듯 지나가신 그 분이 떠올라서다. 혹시 동네 주민이면 만날 수 있지 않을까 하는 마음이었으나 이미 아들로 바뀐 가게 사장은 그분을 알지 못했다. 이 노신사뿐만 아니라 튀르키예 사람들은 아이들에게 특히 친절하다. 다산多産과 공동체 문화가 있는 이슬람 문화여서 그럴지도 모르겠다. 계단 앞에서, 지하철 안에서, 심지어 줄이 길게 늘어선 사원 앞에서도 갑자기 나타난 튀르키예인들은 유아차를 들어주고, 자리를 양보하고, 기다림 없이 입장하게 해준다. 항상 아이들에게 이쁘다며 손짓하고 Good Luck을 말한다. 아름다운 문화와 특이한 자연을 떠나 튀르키예가 더 기억에 남는 것은 튀르키예 사람들이다.

세 번째 추억은 키르기스스탄이다. 키르기스스탄은 좋은 사람과의 만남이 연속되었다. 택시 기사들은 자진해서 우리에게 좋은 곳을 안내했고, 숙소의 주인들은 친절을 아끼지 않았다. 기대했던 광활한 산맥이나 호수, 자연도 대단했지만, 그 속에 담긴 키르기스스탄인들의 따뜻한 마음이 오래오래 기억에 남았다. 남편은 한국으로 돌아온 몇 달 후에 이틀간 동행한 택시 기사에게 전화해서 고맙다고 말했을 정도이다.

세상의 모든 향기는 아름답지만, 사람이 내뿜는 향기야말로 가장 향기롭다. 텔레비전에서 우연히 파리나 이스탄불이나 키르기스스탄의 이야기가 나오면 그들이 먼저 생각난다. 파리의 식당은 잘 되고 있을까, 이스탄불의 노신사는 지금도 한국인 관광객에게 친절을 베풀고 있을까, 키르기스스탄 택시 기사의 아이들은 많이 자랐을까. 이 외에도 길을 헤매는 이방인에게 친절하고 성심성의 껏 길을 알려준다거나, 어린 아기들을 데리고 있으면 자리를 양보한다던가, 무거운 가방을 번쩍 들어주는 친절은 수시로 있었다. 친절한 사람들의 향기로 채워진 도시는 번성할 것이고, 향기로움에 모두가 편안할 것이다.

부산은 외국 관광객이 많이 찾는 도시이다. 파도가 넘치는 해운대해수욕장과 절 앞 바다의 풍경이 아름다운 해동용궁사는 특히나 관광객에게 인기가 높다. 나도 관광객에게 기억에 남을 만한 친절을 베풀고 싶지만, 그저 길을 물어보면 손짓과 발짓과 누리집 지도로 알려줄 뿐이다. 언어의 장벽이 참 높다. 친절마저 쉽지 않다. 문법 위주의 영어교육을 받은 중장년 세대는 영어 회화가 너무 어렵다.

시내버스 정류소에서 도시관광 버스 정류소를 묻는 외국인들에게 재치 있게 안내하는 버스 기사가 있었다. 버스 기사는 일단 타라고 했다. 그러고는 요금을 넣지 말라는 표시로 요금통을 손으로 가린 후에 한참을 가더니 도시관광 버스 정류장 맞은편에서 그들을 내려주었다. 거리가 멀지는 않았지만, 말로 설명하려면 한참을 설명해야 하는 길이었다. 재치 있는 버스 기사는 복잡한 말 대신에 그들을 그곳까지 태워다 준 것이다. "땡큐"를 연발하며 내린 그 외국인 관광객들의 기억에 부산이 사람의 향기가 나는 좋은 곳으로 남았으면 좋겠다.

(2023. 7)

'처음'이 잘 어울리는 곳 익산

2023년은 '익산방문의 해'란다. 익산은 나의 고향이다. 곰곰이 눈 감고 생각해 보니 익산益山은 '처음'이라는 단어가 잘 어울리는 곳이다. 그 도시는 품은 것에 비해 덜 알려졌다.

바티칸 성 베드로 성당 대성전에 우리나라 최초의 사제 김대건 안드레아 신부의 성상이 세워졌다는 소식이 방송과 신문에서 쏟아져 나왔다. 아시아 성인의 성상이 바티칸에 세워진 것은 이번이 처음이다. 갓을 쓰고 도포를 입고 두 팔을 벌린 석상의 모습에서 온기가 느껴진다. 익산에서 김대건 신부의 흔적을 찾을 수 있다. 1845년에 김대건 신부가 중국에서 페레올 주교로부터 사제 서품을 받고 조선으로 돌아올 때 배를 타고 금강을 거슬러 익산

웅포면으로 오셨다. 김대건 신부가 배에서 내려 첫발을 디딘 조선 땅이 바로 지금의 나바위 성지이다. 천주교가 탄압받던 시기였기에 김대건 신부는 이듬해에 체포되어 순교하였다. 나바위 성지는 한국 천주교의 중요한 역사적 장소로 1897년에 성당이 건립되었다. 일제 강점기에는 신사참배 거부에 앞장섰으며, 6·25 전쟁 때도 미사가 끊이지 않은 유일한 본당이라고 한다. 김대건 신부의 첫발이 신성한 힘이 되어 나바위 성지를 보호하나 보다. 이런 역사를 모를 때도 동서양이 잘 어울리는 모습이 좋아서 자주 찾곤 했었다. 나바위 성당은 한옥의 본당과 고딕 양식의 종탑이 있는 작은 성당이다. 이제 나바위 성당은 마음속에 더 깊은 울림으로 다가온다.

익산시 황등면을 지나가다 보면 도로가에 돌 공장이 많이 있다. 황등산은 전체가 화강암으로 이루어져 있고, 황등산에서 나온 황등석은 건축가들이 모두 인정하는 아주 좋은 돌이란다. 청와대 영빈관의 돌기둥은 황등석을 다듬어 만든 하나의 거대한 기둥이다. 청와대를 관람하다가 해설사의 설명을 듣고 나니 황등의 돌 공장들이 더 멋져 보였다. 이렇게 익산에는 좋은 돌이 많고 그런 돌을 다룰 줄 아는 석공이 많다. 백제 무왕이 부여에서 익산으로 도읍을 옮기기 위해 맨 처음 한 일은 미륵산 앞에 절을 짓는 것이었다. 삼국시대에는 거대한 목탑이 대세였다. 경주에 있는 황룡사지에서 나온 치미를 보면 황룡사라는 절과 9층 목탑의 규모를 짐작할 수 있다지만, 목탑이라 그 흔적만 남아 있어서 아쉽다. 익산에서 우리나라의 역사에 석탑이 처음 등장했다. 솜씨 좋은 석공은 돌을 나무처럼 다듬어 목탑 같은 석탑을 만들었다. 목탑을 세울 때 상부를 지지하기 위해 가운데에 큰 나무 기둥을 세우는데, 미륵사지 석탑은 그 기둥(찰주)까지 그대로 따라 했다. 황등석처럼 좋은 돌이 있었기에 가능한 석탑이다. 창건 당시 익산 미륵사는 가운데 큰 목탑을 두고 양쪽에 석탑을 두었는데, 그중에 지금 서탑西塔이 남아 중요한 연구 자료가 된다. 천오백여 년을 견딘 미륵사지 석탑은 이십 년의 복원을 마치고 마치 귀부인처럼 은백색의 드레스를 펄럭인다. 통일신라시대에 불국사가 지어질 때 백제 출신의 석공 아사달은 석가탑을 만들러 갔고, 시간이 지나도 남편이 돌아오지 않자 불국사를 찾은 아사녀는 결국 기다리고 기다리다 호수에 빠져 죽었다. 무영탑이라는 별칭으로 전해지는 석가탑의 슬픈 사랑 이야기이다. 석공 장인 아사달을 기리며 익산시는 가을에 <돌돌잔치>를 연다.

익산 미륵사지를 해체 복원하는 과정에서 금으로 만든 사리장엄구와 사리봉영기가 발견되었다. 사리봉영기는 얇은 금판인데,

미륵사 창건 과정이 새겨져 있다. 또 금동으로 만든 사리 외호와 내호를 보고 있자면, 그 영롱한 아름다움에 빠져든다. 일제 강점기에 문화재 수탈에서 살아남아 지금 우리에게 전해지니 얼마나 다행인가. 탁월한 금속 예술을 보여준 그 손은 이제 현대로 넘어와 보석을 세공한다. 익산은 보석의 도시이다. 1975년에 우리나라 최초의 귀금속보석 공업단지가 익산에 문을 열었고, 원광대학교는 1978년에 국내 최초로 귀금속보석 공예과를 개설하였다. 국내 유일의 보석박물관이 있고, 가을이면 <보석대축제>가 열린다. 여러 원석이 전시된 보석박물관은 한 번쯤 둘러보기 좋다.

붓끝에서 아름다움이 피어나는 캘리그래피가 익산에서 시작되었다는 것을 아는 이가 별로 없다. 1989년에 동양 최초로 원광대학교에 서예과가 만들어졌다. 그 뒤로 여러 대학에 서예과가 개설되면서 아쉽게도 과거의 명성은 과거에 머물고 원광대학교 서예과는 수년 전에 폐과되었다. 원광대학교 서예과를 졸업한 김종건 작가는 1998년에 <필묵>이라는 우리나라 최초의 캘리그래피 회사를 세웠다. 현재, 캘리그래피는 언제 어디서나 배울 수 있고 글씨체도 다양해서 대중 예술로 자리 잡았다. 캘리그래피는 그리스어 '칼리그라피아 kalligraphia(아름다운 서체)'에서 따왔다.

'처음'은 아니지만, 가장 오래된 것도 있다. 익산은 천혜의 자연을 가졌다. 남으로는 만경강이, 북으로는 금강이 익산을 감싸며 서해로 흘러간다. 그래서 일찍이 농사가 발달했고, 구석기시대의 유물이 만경강 근처 춘포에서 출토되었다. 널따란 호남평야는 일제 강점기의 대표적인 쌀 수탈 지역이다. 익산 들판에서 수확되는 곡식은 일본으로 넘어가기 바빴다. 1914년에는 곡물을 나르기 위해 이리역(現 익산역)과 군산역 사이에 춘포역이 개통되었다. 지금은 기차가 멈추지 않는 폐역이 되었지만, 춘포역은 현존하는 가장 오래된 역사驛舍로 역사歷史에 남았다. 춘포역 외에도 익산의 일제 강점기 건물들은 근대유산으로 남아 당시의 역사를 보여준다.

익산은 고대부터 근대까지 모든 시대를 가지고 있다. 소중한 문화유산을 품고 있지만, 북적거리지 않고 한적하다. 익산을 방문한다면 여행의 마무리는 가톨릭 노인복지시설인 아가페 정양원의 정원이 좋겠다. 오랜 시간 개방되지 않은 곳이었으나, 코로나19가 극성일 때 사람들의 지친 마음을 달래주기 위해 수십 년 만에 빗장을 풀었다. 햇볕이 따사로운 가을날. 익산으로 시간 여행을 떠나자.

(2023. 11)

고속도로 휴게소에서 만나는 함양

　고속도로 휴게소는 고픈 배를 채우기 위해, 생리 현상을 해결하기 위해, 쪽잠으로 피로를 풀기 위해 들리는 곳만은 아니다. 잠시 머문 그곳에서 교과서 밖의 새로운 역사를 배우기도 한다. 그곳은 도시의 문화를 응축해 놓은 멋진 문화공간이다. 지리산 자락에 있는 함양 휴게소는 나를 함양의 매력에 빠지게 했다.

　처음 함양 휴게소에 들렸을 때 화장실 입구에서 붉은 낙엽이 바닥에 깔린 아름드리나무 사진을 보았다. 벽면을 가득 메운 풍광만으로도 입이 떡 벌어졌는데, 그 옆의 설명에 더 압도된다. 그 숲은 신라 말기의 유학자 고운 최치원이 함양의 태수로 부임하여 자꾸 넘치는 위천을 다스리기 위해 만든 우리나라 최초의 인공숲인 상림上林이다. 그때 나는 부산으로 이사한 지 얼마 되지 않았고, 부산의 해운대라는 이름이 최치원 선생에게서 유래되었다는 사실에 매료되어 하루가 멀다하고 동백섬 최치원 동상 아래로 놀러 가곤 했었다. 경주의 최치원이 부산의 최치원으로 나타났고, 이제는 함양의 최치원이 되었다. 그렇게 찾은 상림은 초겨울에 접어들어 낙엽이 모두 져서 매우 고혹한 분위기였다. 자연 그대로의 거친 거북바위와 사랑으로 하나가 된 연리목 나무가 우리를 반겨주었다. 아이들은 '무궁화꽃이 피었습니다'를 하며 마치 동네 아이들처럼 놀았다. 최치원 신도비 앞에서 최치원 선생을 만나 "부산에서 왔어요"라고 가볍게 인사를 했다. 그 뒤로 통영-대전 고속도로를 이용할 때면 가끔 상림에 머물며 숲도랑에 졸졸 흐르는 물소리를 들었다.

함양 휴게소에는 커다란 물레방아가 있다. 처음에는 휴게소에 흔한 설치미술이려니 했는데, 이 물레방아에도 이야기가 있다. 연암 박지원은 사신을 따라 청나라 북경과 열하에 다녀왔다. 그는 청의 선진문물을 일기로 남겼고, 그것이 『열하일기』이다. 『열하일기』는 타국에 대한 감상과 자신의 소회를 그대로 보여준다. 조선으로 돌아온 박지원이 함양의 안의현 현감으로 부임했을 때, 그는 '용이 지축을 울리며 승천한다'는 용추 계곡의 거센 계곡물을 보고 열하에서 보았던 물레방아*를 떠올렸다. 우리가 사극에서 흔하게 보는 물레방아를 우리 땅에 처음 상용한 이가 바로 박지원이다. 이러한 사실은 박지원의 아들 박종채가 저술한 『과정록過庭錄』에 잘 나와 있다. 그전의 방아는 발로 디뎌 찧는 디딜방아나 소가 돌리는 연자방아였다. 디딜방아나 연자방아는 사람 손이 필요하다. 박지원이 들인 물레방아는 안의현 아낙들의 일을 줄여주었다. 지금 함양 용추 계곡의 물레방아 터에 함양군에서 새롭게 만든 아주 큰 물레방아가 우람한 물소리를 내며 빙글빙글 돌아간다.

함양 휴게소(통영 방향)의 높은 곳에는 화림동 계곡의 정자를 옮겨 놓은 듯 정자가 하나 우뚝 세워져 있다. 함양은 선비의 고장이다. 꽃과 나무가 많은 화림동 계곡에서 선비들은 정자를 지어놓고 시를 읊었다. 거연정, 농월정, 동호정, 군자정. 십오 리 길에 있는 네 개의 정자를 따라 산책하며 조선 선비들의 시詩를 떠올린다. 거대한 너럭바위에 앉아 맑은 물 건너 동호정을 바라보며 아름다운 풍광에 시선을 빼앗긴다. 화림동 계곡의 정자들은 단순히 외관만 아름다운 누각이 아니다. 바른 선비의 기상이 함께한다.

---

* 물레바퀴, 즉 수차는 고려 공민왕 때부터 있었다. 박지원은 수차에 방아를 연결하는 시도를 처음 하였다.

임진왜란이 일어나자 노구의 나이에 선조를 등에 업고 십 리를 달린 장만리 선생과 유학의 옳은 말씀을 제일로 여기고 실천한 정여창 선생과 병자호란의 굴욕에 벼슬을 떠난 박명부 선생의 얼이 새겨져 있다. 함양을 품고 있는 지리산의 기상과 덕유산의 따뜻함이 선비들의 마음에 스며들었나 보다.

 함양은 물의 고을이다. 위천의 상림, 용추 계곡의 물레방아, 화림동 계곡의 정자가 모두 함양의 물과 함께한다. 백운산과 기백산의 맑은 물이 햇빛을 만나 함양을 더 반짝여준다. 푸짐하게 쏟아내는 가을 햇볕 속에서 시간이 멈춘 듯, 함양 휴게소에서 함양을 만난다. 이름처럼 '햇볕이 두루 미치는 곳' 함양咸陽. 천년의 역사에 다시 천년이 더해지도록 함양을 찬양한다.

(2023. 11)

청포도가 익어가는 마당에서

초록 알알이 탐스럽다. 청포도 한 알을 입에 넣는다. 청포도의 상큼한 맛을 느끼며 가슴에 담아놓았던 시詩 한 편 꺼낸다.

내 고장 七月은
청포도가 익어가는 시절

이 마을 전설이 주저리 주저리 열리고
먼데 하늘이 꿈꾸려 알알이 들어와 박혀

하늘 밑 푸른 바다가 가슴을 열고
흰 돛단배가 곱게 밀려서 오면

내가 바라는 손님은 고달픈 몸으로

청포를 입고 찾아온다고 했으니

내 그를 맞아 이 포도를 따 먹으면
두 손을 함뿍 적셔도 좋으련

아이야 우리 식탁엔 은쟁반에
하이얀 모시 수건을 마련해 두렴

　안동은 이육사 시인의 고향이다. 이육사 시인의 유년 시절을 쫓아 원천(원촌) 마을에 갔다. 한적한 시골 동네에는 띄엄띄엄 집들이 떨어져 있다. 한때 큰 마을을 이루었을 동네는 안동댐이 건설되면서 수몰 지역이 되었고, 시인의 생가도 그때 헐렸다. 안동시는 시인의 생가 목재를 뜯어다가 시내에 다시 지었다. 하지만 재료만 같을 뿐, 구조도 다르고 항상 문이 닫혀 있어 들어가 볼 수가 없다. 대신에 원천 마을에는 이육사 시인의 따님이신 이옥비 선생님이 운영하는 한옥 민박이 있다. 이옥비 선생님은 안동 태생이 아니지만, 아버지의 문학과 얼을 지키기 위해 오래전에 안동으로 내려오셨다. '옥비沃非, 기름지게 살지 말라.' 평생을 청빈하게 사셨던 아버지가 딸에게 남겨준 이름이다. 이옥비 선생님이 사시는 고택은 군더더기 없이 깔끔하여 '옥비沃非' 그 자체이다. 대청마루에 서니 낙동강이 한 눈에 보이고, 왕모산이 한 손에 잡힌다. 시인은 어린 시절 호연지기浩然之氣를 기르기 좋은 곳에서 자라셨다.

고택은 문도 담도 없다. 너른 마당에 온갖 꽃들이 있고, 청포도가 여물고 있는 작은 포도나무가 한그루 심겨 있다. 마치 환상의 세계에 들어온 사람처럼 들뜬 나는 한참 청포도를 바라보았다. 한 알을 따서 입에 넣었더니 약간 신맛이 났다. 저녁때 이옥비 선생님께서 준비하신 다식에 차를 마시며 이런저런 말씀을 들었다. 하룻밤 과객은 그 시간이 더디게 가도록 붙들었다. 이튿날 아침에도 정갈한 상을 차려주셔서 대청마루에 앉아 생각지도 못한 귀한 대접을 받았다. 이곳에 이육사 시인의 따님이 살고 계신다는 사실을 알게 된 건 정말 행운이었다.

안동을 처음 찾았을 때는 칠월이었다. 꼭 칠월에 가고 싶었다. 칠월은 청포도가 익어가는 '시절'이니까. 고택에 짐을 풀고 근처에 있는 <이육사 문학관>에 갔다. 이육사 시인 탄생 백 주년에 개관한 문학관은 시인의 생애와 작품과 유품을 잘 전시해 놓아 어른들은 물론 어린아이들도 이육사 시인의 뜻을 기리기 좋은 곳이다. 곳곳에 시비와 이육사 시인의 동상이 있다. 뒷산을 조금만 오르면 이육사 시인의 묘소도 있다. 아름다운 우리말로 시를 쓰던 시인은 죽음도 두려워하지 않는 독립투사였다. 국내에 무기를 반입하려는 임무가 발각되어 북경 감옥에서 모진 고문을 당하고 돌아가셨지만, 다행히 유해는 고향으로 돌아왔다. 지금은 어린 시절 육 형제가 뛰어놀던 곳에서 영원한 잠을 주무신다.

대청마루에 앉아 왕모산을 바라보며 민족시인 이육사를 생각한다. 그의 시는 시리고 아프고 희망차다. 간결한 시에는 무한한 것이 담겨 있다. 시인의 고향에 머무니 이육사 시인이 더 가깝게 느껴진다. 이육사 시인의 시 중에서 「청포도」는 내가 가장 좋아하는 시이다. 이육사 시인의 모든 시가 아름답지만 「청포도」는 미래에 대한 희망이 있어서 더 좋다. 암울했던 식민지 시대의 청년이 '해방'이라는 희망을 품었기에 죽음을 두려워하지 않고, 독립운동을 할 수 있었던 것은 아닐까. 시인은 힘들 때마다 시를 지었고, 시를 통해 자신과 조국과 민족을 위로했다. 시인은 가고 없지만, 그가 기다리던 청포靑袍를 입은 손님은 찾아와 오늘의 대한민국이 되었다.

그리스 고전 『일리아스』를 보면 재산을 물려줄 자식이 자기보다 일찍 죽는 것은 아버지의 가장 큰 슬픔이다. 트로이아 전쟁에 참여한 젊은 전사들이 죽어갈 때 『일리아스』의 시인 호메로스는 탄식하듯 아버지의 슬픔을 노래한다. 이육사 시인과 이옥비 선생님을 보면서 호메로스가 말한 것을 생각한다. 정말로 신神이 있어서, 독립운동 끝에 고초를 겪고 일찍 죽을 시인이 안타까워 자식을 만들어 주신 것은 아닌지. 시인이 서울에서 북경으로 압송될 때 이옥비 선생님은 세 살이었고, "옥비야, 아버지 다녀오마" 하고 가셨다고 한다. 세 살 아이가 보았던 포승줄에 꽁꽁 묶이고, 얼굴에는 밀짚으로 된 용수*를 썼던 아버지의 모습이 지금도 선명하게 기억나신다고 한다. 기다리던 아버지는 돌아오시지 못했다. 아이는 자라 지금 아버지의 재산인 시와 독립운동을 알린다. 님 웨일즈의 『아리랑』의 주인공 장지락(김산)도 중국 공산당에게 처형당하기 전에 그를 보살펴주던 여인에게 아들을 남겼다. 그는 아들의 탄생 소식을 편지로 알았고, 아들을 만나기 전에 돌아가셨다. 소설 속 주인공으로만 남을 뻔했던 김산이 '장지락'이라는 진짜 이름을 전할 수 있었던 것은 아들인 고영광 선생님이 계셨기 때문이다. 어느 날 텔레비전에서 <항일투사 후손과의 대담>을 소개한 적이 있었는데, 이옥비 선생님과 고영광 선생님의 모습이 한 장면에 잡혔다. 내가 존경하는 두 분의 모습을 자녀분들을 통해 볼 수 있었다. 자식들이 있어서 아버지들의 영광은 계승된다.

---

* 술을 거르기 위해 대나무로 만든 긴 통

이육사 시인 덕분에 오월의 봄, 칠월의 여름, 시월의 가을, 안동의 세 계절을 여러 번 만났다. 이옥비 선생님께서 마당에 눈이 소복이 쌓인 고택이 아름답다며 겨울에도 꼭 오라고 하신다. 너른 마당에 함박눈이 펑펑 내리는 모습을 상상해 보면 한 폭의 수묵화이다.

칠월의 안동은 여기저기에 포도가 익어가는 내음으로 가득하다. 안동시는 이육사 시인의 「청포도」를 주제로 포도주를 만든다. 달큼한 적포도주도 있고, 새큼한 백포도주도 있다. 유리병에는 시詩 「청포도」가 쓰여 있다. 금빛이 도는 청포도 술을 한 잔 따라놓고 '내 고장 칠월은 청포도가 익어가는 시절'을 조용히 읊조린다.

(2023. 7)

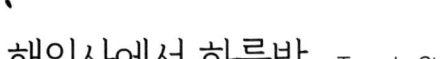
해인사에서 하룻밤 – Temple Stay

좋았던 기억은 자꾸 그때를 부른다. 칠 년 전에 친구와 함께 보낸 해인사 산사 체험의 1박 2일은 사진첩에 꽂힌 사진처럼 언제든 떠올리면 선명한 모습으로 기억난다.

산사 체험으로 해인사를 골랐던 이유는 최치원 선생의 학사대 때문이다. 몰락하는 신라를 위해 애썼건만 결국 신라는 쇠락의 길을 걷고 최치원 선생도 방랑의 길을 떠났다. 최치원 선생의 발걸음 끝에 가야산 해인사가 있다. 최치원 선생은 가야산에 지팡이 하나 꽂고 홀연히 신선이 되어 사라졌단다. 그 지팡이에 뿌리가 생기고 나뭇잎이 나면서 '학사대'라는 이름을 얻었다. 학사대가 보고 싶어서 해인사로 발길을 향했었다.

언젠가 다시 해인사로 산사 체험을 떠나고 싶었다. 오랜 시간이 흐른 후에 기다리던 기회가 왔다. 남편에게 해인사 근처에서 1박 2일 모임이 생긴 것이다. 아이들에게 묻지도 않고 급한 마음에 해인사 산사 체험을 신청했다. 마침 해인사 일정표에는 장경판전 순례도 있어서 일거양득의 마음이었다. 108배가 힘들다거나, 새벽에 일어나야 한다거나, 채소뿐인 공양이라는 세 가지 난관이 있었지만, 아이들도 흔쾌히 좋다고 했다.

정해진 시간에 선림원에 도착하여 법복으로 갈아입고 새터를 시작으로 산사 체험의 문을 열었다. 지도 법사이신 현사 스님이 개구쟁이 같은 친근한 얼굴로 참가자들을 맞이해 주셨다. 서른 명 남짓의 참가자 중에 청소년은 우리 아이들 둘 뿐이었고, 갑자기 현사 스님이 아들에게 물었다. "몇 학년이야?" "중학교 일 학년이요." 다시 딸에게 물었다. "몇 학년이야?" "중학교 이 학년이요" "중이? 나하고 동기네. 나도 중衆이야." 갑작스러운 선문답 같은 말씀에 처음에는 무슨 의미인지 몰랐는데, 나중에 생각하니 언어유희를 하신 거다. 그때부터 아이들은 현사 스님이 말씀만 하면 웃음보가 터져서 참지를 못했다. 시작이 좋았다. 긴장했던 마음이 풀어졌다. 스님께 인사하는 방법을 배울 때는 더 재미있었다. "예. 스님"을 빨리하게 되면 "예. 스님" "예 스님" "예수님"

이 된다고 하자 여기저기 웃음소리가 폭발했다. 해인사와 장경판전과 팔만대장경에 대해서는 자료 영상을 보고 부처님께 삼배를 올리는 방법은 스님께 배웠다. 삼배三拜의 의미가 부처님과 부처님 말씀과 부처님 제자에게 올리는 절이라는 것과 접족례, 고두례도 다시 배웠다. 칠 년 전에도 배웠던 것들인데, 그새 잊었는지 모든 것이 새롭다. 여섯 시가 넘어가자 꼬르륵거리는 배꼽시계에 맞춰 공양간으로 갔다. 맛있고 건강한 나물들로 산사에서의 첫 끼를 먹었다. 잠시 쉬었다가 저녁 일정은 108 염주 만들기이다. 목탁 소리에 따라 절 한 번에 염주 한 알. 웃으며 시작했지만, 점점 후들거리는 다리를 주체하지 못했고, 머릿속에는 염주 한 알 잘 꿸 생각뿐이다. 수북하게 쌓인 구슬이 줄어들수록 번뇌도 사라진다. 몸은 무거워지지만, 마음과 머리는 가벼워진다. 완성된 염주 목걸이를 목에 걸고 개선장군인 양 숙소로 돌아왔다. 산의 밤은 일찍 찾아온다. 새벽예불에 참석하기 위해 일찍 잠자리에 들었다.

새벽 4시 18분 45초. 법고의 우렁찬 소리는 가야산의 하루를 깨운다. 어두컴컴할 때 일어나 불전사물 관람과 대적광전 새벽예불에 참가하고 나오니 짙은 감청색이던 하늘에 빛이 스며들어 파란색으로 밝아졌다. 현사 스님의 해인사에 대한 설명은 귀에 쏙

쏙 들어왔다. 하늘에서 보면 배의 모양이라는 해인사, 사물놀이의 시작이 되었다는 불전사물의 의미, 비로자나 부처님을 모신 대적광전, 화엄의 사상이 210자로 만들어진 해인도(화엄일승법계도) 등을 보고 장경판전에 도착했다. 경건한 마음과 인류 유산에 손을 대지 말라는 의미로 두 손을 가슴께에 합장하고 줄지어 장경판전에 들어갔다. 팔만대장경을 가까이에서 자세히 볼 수 있다는 감격에 발걸음이 느려졌다. 팔만대장경 속에 담긴 염원이 받아들여졌을까. 끈질긴 사십 년 항쟁이 있었기에, 고려는 몽골의 간섭을 받으면서도, 끝내 독립국을 유지했다. 최치원의 학사대에 대한 설명을 마지막으로 다시 선림원으로 돌아왔다. 산사 체험 마지막 일정은 대장경(복제품) 인경이다. 먹물을 조심스레 묻히고 화선지를 덮고 토닥토닥 솜뭉치를 두드려주니 하얀 종이에 검정 글씨가 배긴다. 어제 염주 만들기도 그랬고, 오늘 인경 체험도 생각을 비우고 온 정신을 한끝에 모아야 한다. 욕심부리면 먹물이 번진다. 부처님 말씀을 조심스럽게 말아 들고 숙소로 돌아와 법복을 벗고 일상복으로 갈아입었다. 바람처럼 지나간 소중한 시간이다.

처음 해인사를 찾았을 때는 해인사 끄트머리 독성각(산신을 모신 곳) 옆에 학사대라 불리는 늠름한 전나무가 서 있었는데, 지금은 없다. 전나무 밑동 위에 최치원 선생이 앉아 학과 노닐고 있을 뿐이다. 아쉽게도 학사대는 2019년 가을 태풍 링링에 쓰러졌다. 최치원 선생이 꽂았다는 지팡이는 이제 설화로만 남았다. 태풍이 가야산 깊은 산속까지 영향을 미쳤을 줄이야. 아쉽고 아깝다. 아이들과 기차놀이를 하듯 해인도를 한 바퀴 돌다 보니 부처님의 말씀을 온갖 꽃으로 장엄하게 장식한다는 '화엄華嚴'의 의미를 알 듯 말 듯 하다.

우리 동네 방언에 '마음이 편하다'라는 표현으로 '신간 편하다'라고 말한다. 산사 체험 참가자들은 신간이 편하거나 신간을 편하게 하려고 왔을 것이다. 결국 편한 신간을 위해서는 번뇌를 줄여야 한다. 마음의 파도를 가라앉히면 바다가 거울이 되어 생각이 명료해지고 깨달음을 얻는다는 해인삼매海印三昧. 108 염주에 온 정신을 집중하여 정성을 쏟았듯이, 번뇌를 버리고 참에 집중하는 방법을 배워간다. 현사 스님은 템플은 스테이, 절은 라이프라고 하셨다. 잠시의 '머무름'으로 부처님의 '생'을 알 수는 없지만, 한 발짝 가까워진 기분이다.

아들은 내년에도 꼭 해인사 산사 체험에 가고 싶다고 목에 걸린 염주를 만지작거리며 말한다. 내년에는 "내가 중이가 되니까". 현사 스님이 첫날에 하신 농담이 여태 남아, 누나만 스님과 동기가 되는 것이 부러웠나 보다. 내년에도 세 번째 산사 체험을 다시 해인사로 떠나야겠다. 108배도 힘들고 채소 반찬도 힘들었지만, 아이들에게 좋은 추억이 된 사찰 체험에 콧노래 즐겁게 집으로 돌아온다. 템플은 Stay, 집은 Life.

(2024. 6)

하의도 구슬나무 – 영화 『길위에 김대중』을 보고

『길위에 김대중』을 보았다. 영화는 김대중 전 대통령의 육성녹음과 사진과 영상과 다른 사람들의 면담으로 구성되었다. 김대중 전 대통령이 태어난 1924년부터 1987년 광주방문까지를 다룬다.

일단 나는 편집과 음악에 큰 점수를 주고 싶다. 보통의 기록 영화가 갖는 지루함이 느껴지지 않도록 잘 만들어졌다. 적당히 흐름이 빠른 음악이 바닥에 깔려 내내 박진감을 주었다. 어느새 2시간의 상영시간이 훌쩍 지나가고, '2부' 예고에 깜짝 놀랐다. 끝없이 선거에 지면서도 눈빛에 패기가 있던 분이었는데, 5·18 광주민주화운동 이후 마음에 빚이 생겼는지 얼굴에 그늘이 생긴 것을 보고는 눈물이 왈칵 쏟아졌다.

이번에 『길위에 김대중』을 보며 새롭게 느낀 점을 정리하면, 첫 번째는 숫자에 놀랐다. 감옥에 있는 기간 동안 읽은 책들의 숫자에, 미국 망명 생활하는 동안 미국 각지를 돌며 연설한 횟수에 깜짝 놀랐다. 아무리 인동초가 수식어처럼 붙는 사람일지라도, 이렇게 참고 인내하고 쉬지 않고 전진하는 것이 가능할까. '김대중'에 대해 잘 안다고 생각했지만, 그는 언제나 나를 깜짝 놀라게 한다. 심지어 민의원 선거도 다섯 번 지고 여섯 번째 당선되었는데, 의정 생활을 하기도 전에 5·16 군사 정변으로 바로 의회가 해산되었다. 두 번째는 김대중 전 대통령의 용인술이다. 영화가 시작하고 해운사업에 대해 회상하는 장면이 있다. 영화 초반이라 정확하게 기억나지는 않지만, 사람(직원)을 대하는 철학이 담겨 있었다. 최근에 읽은 클레어 키건의 『이처럼 사소한 것들』을 빌려 말하자면, 미세즈 윌슨이 어린 펄롱에게 '최선을 끌어내려면 그 사람한테 잘해야 한다.'라고 했던 말과 통한다. 누구에게든 진심으로 대했기에 김대중 전 대통령의 비서들이 그토록 방방곡곡을 돌며 무명의 '김대중'을 위해 일한 것이 아닐까. 세 번째는 김대중 전 대통령이 국회의 연설에 앞서 시계를 손목에서 빼는 장면이 나온다. 아마도 어떤 정책을 관철하기 위해 무장하는 장면처럼 보였다. 보통 무장하면 몸에 무언가를 입는 것이지만, 그분은 시계를 벗었다. 한시를 허투루 사신 적이 없는 분이라 시계를 벗었다는 것은 시간이 아무리 오래 걸리더라도 동료 의원들을 설득하여 의견을 관철하고자 하는 강한 의지라고 느껴졌다.

잘나가던 청년 사업가였지만, 정치를 시작하면서는 고난이 계속되었다. 김대중 전 대통령은 계속 패배했지만, 그럴수록 더 단단한 나무가 되었다. 마치 하의도의 구슬 나무처럼.

▶◀

우리집에는 하의도에서 가져다 심은 구슬 나무가 여러 그루 있다. 신기한 번식능력을 가진 구슬 나무는 계속 새끼를 쳤고, 베란다와 화분의 한계를 벗어나 버렸다. 결국 세 그루를 친정 농장에 갖다 심었다. 땅의 힘이 무섭다는 것을 새삼 느꼈다. 화분에 있는 구슬 나무는 나무젓가락처럼 가느다랗다. 땅에 단단히 뿌리를 내린 구슬 나무들은 어느 순간 키가 훌쩍훌쩍 자라고 울창해져 꽃도 피우고 열매도 맺었다. 구슬 나무를 볼 때마다 김대중 전 대통령이 생각난다.

2018년 5월에 신안 하의도와 목포로 여행을 떠났다. 여행의 주제는 '김대중'이었다. 그분에 대해서 제대로 알기 위해 생가를 찾앉다. 한적한 시골 마을에 있는 흙벽과 초가지붕이 올려진 생가는 1999년에 복원되었다. 추모관에 들러 인사를 올리고 마당에 세워진 전시물들을 보았다. 김대중 전 대통령은 2009년 4월에 고향을 방문하시고는 그해 여름에 돌아가셨다. 김대중 전 대통령이 하의도를 방문하고 마지막 일기인 『인생은 아름답고 역사는 발전한다』에 쓰신 글이다.

'14년 만에 고향 방문
선산에 가서 배례.
하의대리 덕봉서원 방문
하의 초등학교 방문, 내가 3년간 배우던 곳이다.
어린이들의 활달하고 기쁨에 찬 태도에 감동했다.
여기저기 도는 동안 부슬비가 와서
매우 걱정했으나 무사히 마쳤다.
하의도민의 환영의 열기가 너무나 대단하였다.
행복한 고향 방문이었다.'

한가로운 봄날, 마당으로 공원으로 염전으로 거니는데, 해설사 선생님이 다가오셨다. 그분은 우리 아이들을 보며 반가워하셨고, 아들의 손에 씨앗 몇 개를 주며 구슬 놀이를 하라고 하였다. 그러면서 아이의 호기심 어린 눈을 보며 심으면 싹이 날 거라고 했다.

우리는 해설사 선생님 말씀을 우스갯소리로 여기며 하의도 여행을 마치고 목포의 <김대중 노벨평화상 기념관>까지 들린 후에 집으로 돌아왔다.

아들은 집에 도착하자마자 동그란 씨앗을 내밀며 어서 심자고 했고, 싹이 나지 않을 거라는 엄마 말은 듣지도 않는다. 선생님이 싹이 난다고 했으니 날 것이라고 한다. 결국 조그만 화분에 씨앗을 몽땅 심고 며칠을 관찰했지만, 싹이 나지 않았다. 그렇게 잊었다. 가을의 어느 날, 화분에 조그만 이파리가 불쑥 솟아나더니 금세 자란다. 하나가 나오기 시작하니 순식간에 고사리처럼 가냘픈 줄기가 작은 화분을 덮어버렸다. 순간 이것은 무엇인가 생각하다가 얼핏 구슬 나무임이 떠올랐다. 반년을 땅속에서 숨죽이던 구슬 나무가 싹을 틔우고 나무가 되기 위해 세상에 나온 것이다. 보란 듯이 아들은 잘난 척했다. 더 신기한 것은 씨앗이 원래 예닐곱 개였는데, 어느 순간 새롭게 새끼를 친다. 구슬 나무는 최고로 열다섯 개까지 늘었다. 마음에는 자랑스러운 구슬 나무를 이희호 여사에게 전하고 싶었지만, 실행에 옮기지 못했고, 그분도 이듬해에 돌아가셨다.

지금 생각해 보면 김대중 전 대통령 생가인 황토색 초가집 뒤로 무성한 나무들이 있었는데, 그것이 구슬 나무였는가보다. 다른 나무는 신경 쓰지 않고 인동초만 찾아서 보고 왔는데, 좀 아쉽다. 수년째 우리 집 베란다를 차지하고 있는 구슬 나무를 보며 항상 '김대중'을 생각한다. 인고의 어려움 속에서 결국 뿌리를 내리고 햇빛을 보고 쑥쑥 자라는 구슬 나무의 모습이 김대중 전 대통령과 닮았다.

김대중 전 대통령은 미국 망명 시절에 강연과 회견을 다니며 "난 늘 길 위에 있었다."라고 하셨다. 이제『길위에 김대중』2부를 기다린다.

(2024. 1)

아르고호 이야기 – 키르기스스탄에서의 모험

안중근 의사에게 무기와 자금을 지원한 독립운동가는 최재형 지사이다. 영화나 뮤지컬로 제작된 「영웅」에서도 그분의 역할은 묵직하게 그려졌다. 최근에 <독립지사 최재형기념사업회>에서 최재형 지사의 러시아인 부인의 유해를 현충원에 안장하자는 모금 운동을 벌였다. 그분은 키르기스스탄의 비슈케크의 공동묘지에 묻혀 계신단다. 비슈케크라는 이름을 들으니 오래전에 다녀온 여행이 생각난다. 식구들 각자 이름으로 모금 운동에 참여하고 잠시 키르기스스탄을 회상한다.

키르기스스탄 여행은 우리가 한 번도 경험하지 못한 신기한 모험이었다. 당시 그리스 고전을 배우고 있었는데, 그 책은 아폴

로니오스 로디오스의 『아르고호 이야기』였다. 원래는 여행할 때 짐의 무게 때문에 책을 안 가지고 다니는데, 그때는 무슨 생각이 었는지 『아르고호 이야기』를 챙겨 갔다. 내가 아르고호를 꺼낸 이유는 우리의 여행이 신기하게 아르고호 모험과 닮았기 때문이다.

『아르고호 이야기』는 그리스 동쪽 이울코스에 사는 이아손이 왕의 제안으로 영웅들과 함께 아르고호를 타고 흑해 동쪽 끝에 있는 콜키스라는 나라에 가서 황금 양털을 구해서 돌아오는 이야기이다. 콜키스까지 오가는 도중에 여러 섬을 지나가며 모험하고 또 콜키스에 도착한 후 이아손과 콜키스 공주 메데이아의 사랑 이야기도 있다.

우리는 비행기를 타고 카자흐스탄 알마티 공항에 도착해 다음 날 버스를 타고 4시간 거리의 키르기스스탄의 비슈케크로 이동했다. 우리나라와 풍경이 다른 산들과 들판 덕분에 서너 시간 동안 지루하지 않은 차창관광을 하며 드디어 국경에 도착했다. 짐을 내려서 검사를 하고 국경을 통과한 다음 다시 버스에 짐을 실어야 했다. 갑자기 짐꾼들이 막무가내로 짐을 수레에 실어 국경을 넘었다. 어느 한 곳에 우리 보고 기다리고 하고 짐꾼은 사라졌다. 한참을 기다리자 버스 기사가 걸어와서 우리 가족 네 명과 키르기스스탄 청년 두 명을 어느 큰 택시에 태우더니 비슈케크 터미널까지 데려다주라며 차비를 주고 사라졌다. 얼떨결에 택시를 타고 비슈케크로 이동하면서 청년을 통해 영어를 한마디도 못 하는 택시 기사와 우리의 중간 목적지 카라콜(6시간 거리)까지 차비 흥정을 했다. 이동 6시간 + 중간에 관광 2시간, 총 8시간에 100달러로 흥정을 마쳤다.

다음날 비슈케크 택시 기사는 여유 있게 이곳저곳 데려다주었고, 심지어는 이식쿨 호수에서 파는 훈제 생선도 사주었다. 이식쿨 호수에서 점심도 먹고 한바탕 사진도 찍고 물에 빠지기도 하고 신나게 놀다가 이제 카라콜까지 두 시간만 더 가면 된다. 그런데 비슈케크의 택시 기사는 갑자기 우리에게 못 알아듣는 말을 뭐라 뭐라 하더니 다른 택시 기사에게 우리를 카라콜까지 태워다주라고 하고는 본인은 비슈케크로 떠나버렸다. 물론, 비용은 비슈케크 택시 기사가 주고 갔다. 우린 다시 다른 택시로 옮겨 타서 카라콜까지 갔다. 젊은 택시 기사는 영어가 가능해서 일정을 논의했다. 한국에서 지도만 보며 세운 계획은 카라콜에서 일정을 마친 후 산을 넘어 알마티로 가는 것이었는데, 차로 산을 넘는 것이 불가능하다고 하여 다시 비슈케크를 거쳐서 알마티로 가야 한다는 것을 알았다. 이식쿨 호수 남부의 관광지 세 군데와 비슈케크까지의 이동에 대해서 의견을 나누고 카라콜에서 우리가 남은 일정을 마친 후에 만나기로 했다.

카라콜에 도착했지만, 우리의 진짜 목적지에 아직 도착하지 않았다. 우린 천산 산맥의 계곡에 있는 알틴 아라샨에 갈 것이다. 돌길 왕복 네 시간에 만 솜. 우리 돈으로 17만 원인데, 깎아서 8천 솜에 군용 지프차를 타고 알틴 아라샨에 갔다. 처음에 비싸다고 생각한 8천 솜이 두 시간 내내 엉덩이가 들썩이는 돌길을 가다 보니 그 정도 값어치가 있음을 인정하고 드디어 알틴 아라샨에 도착했다.

알틴 아라샨Алтын Арашан. 몽골어로 '알틴'은 황금이고, '아라샨'은 온천이다. 우리는 모험 끝에 드디어 '황금' 온천에 도착했다. 마치 이아손이 '황금' 양털을 가지러 콜키스에 도착한 것처럼…. 우린 유르트에서 제공하는 유황 온천에서 그동안 밀린 피로를 풀고 2박 3일을 알틴 아라샨에 머물렀다. 남편이 초원에서 인생 사진을 찍어야 한다고 하여 흰 드레스까지 준비해서 갔다. 찍을 때는 부끄럽고 발이 시려 고생했는데 찍고 보니 눈 내린 초원과 흰 드레스가 잘 어울려 사진이 마음에 들었다.

알틴 아라샨에서 두 밤을 자고 카라콜의 숙소로 돌아왔다. 돌아와서 보니 그 숙소의 이름이 <아르고>였다. 정말 신기한 우연이었다. 우리가 『아르고호 이야기』 책의 지도를 보여주자 주인 내외가 바로 알아보고 기뻐했다. 우린 지도에 주인의 사인을 받았다. 마치 그들이 이아손 일행을 환대해 준 스케리아의 알키노오스와 아레테처럼 느껴졌다.

다음날 약속했던 택시 기사가 오고, 우린 동화 같은 협곡과 절벽과 호수를 구경하고 비슈케크로 돌아왔다. 이 택시 기사도 아주 친절했고 심지어는 (얼마 안 되지만) 입장료도 내줬으며 과속으로 범칙금을 물게 되었는데도 우울해하거나 기분 나빠하지 않은 얼굴로 친절하게 우리를 비슈케크까지 데려다주었다. 그의 친절함에 나중에 한국으로 돌아와서 남편이 이 기사에게 고마웠다고 전화했을 정도였다.

비슈케크에 도착하여 편안하게 하룻밤을 잘 보내고, 이제 한국으로 출발하는 날이다. 다시 비슈케크에서 알마티로 국경을 넘어야 했다. 숙소 직원에게 짐이 무거워 택시를 불러달라고 했다. 택시표시가 없는 승용차가 데리러 왔는데 버스 정류장 안까지 들어가서 짐을 내려주었다. 택시비를 내려고 하니까 자기는 숙소 사장이라며 괜찮고 한다. 알마티까지 가는 차편과 차비도 알아봐 주고 버스 기사에게 우리를 잘 데려다 달라며 부탁하고 떠났다.

버스를 타고 다시 국경을 넘어 카자흐스탄 알마티로 돌아왔다. 이번에는 다행히 우리가 탄 버스가 알마티 버스 정류장까지 잘 데려다주었다. 비행시간까지 남은 시간을 보내기 위해 알마티 택시 기사와 흥정했다. 다섯 시간 동안 알마티 큰 호수도 보고, 기념품도 사고, 저녁도 먹었다.

택시를 타고 공항으로 출발했다. 공항으로 가는 길은 외졌고 날은 깜깜했다. 갑자기 알마티 택시 기사가 돈을 두 배로 더 달라며 우리를 협박했다. 남편이 배짱으로 일단 공항에 가서 이야기하자고 했고, 다행히 공항에 도착하자마자 "폴리스"를 외쳐 택시기사는 도망가 버렸다. 내 인생의 가장 긴장되는 시간이었지만, 다행히 비행기까지 잘 타고 인천으로 돌아왔다.

비슈케크와 알마티 여행은 그동안 다녔던 계획적인 여행과 달랐다. 다양한 변수와 불확실성으로 두고두고 생각나는 짜릿하고 아슬아슬한 모험이었다.

기사들을 통해 이 택시 저 택시 옮겨 타고,
유향이 가득한 황금 온천에 가고,
온통 붉은 절벽으로 가득한 동화 협곡도 가고,
현지의 친절한 주민들의 환대도 받고,
'심지어는 마지막 풍랑으로 아프리카로 밀려나
귀향의 꿈이 깨질 뻔한 아르고호의 영웅들처럼'
우리도 알마티 택시 기사로 인해
비행기를 타지 못하면 어쩌나 걱정하는 상황까지….
키르기스스탄 여행은
마치 아르고호를 타고 떠난
영웅들의 이야기처럼,
모험이 가득한 즐거움이었다.

(2023. 7)

독서수필

픽션들 – 호르헤 루이스 보르헤스

우리 사이에 칼이 있었네, 라고 자신의 묘비명을 써달라고 보르헤스는 유언했다. 일본계 혼혈인 비서였던 아름답고 젊은 마리아 고타마에게. 그녀는 87세의 보르헤스와 결혼해 마지막 석 달을 함께 지냈다. 그가 소년 시절을 보냈으며 이제 묻히고 싶어했던 도시 제네바에서 그의 임종을 지켰다.

한 연구자는 자신의 책에서 그 짧은 묘비명이 '서슬 퍼런 상징'이라고 썼다. 보르헤스의 문학으로 들어가는 의미심장한 열쇠라고 – 기존의 문학적 리얼리티와 보르헤스 식 글쓰기 사이에 가로놓인 칼 – 믿었던 그와는 달리, 나는 그것을 지극히 조용하고 사적인 고백으로 받아들였다.

그 한 줄의 문장은 고대 북구의 서사시에서 인용한 것이었다. 한 남자와 한 여자가 한 침상에서 보낸 첫 밤이자 마지막

밤, 새벽이 올 때까지 두 사람 사이에 장검이 놓여 있었다. 그 '서슬 퍼런' 칼날이, 만년의 보르헤스와 세계 사이에 길게 가로놓였던 실명失明이 아니라면 무엇이었을까.

*****

호르헤 루이스 보르헤스라는 이름을 처음 알게 된 것은 작가 한강이 『희랍어 시간』이라는 작품에 첫머리를 보르헤스라는 이름으로 시작해서이다.

호기심을 가지고 그의 대표작 ≪픽션들≫을 덜컥 사서 펼쳤으나 이내 덮고 오랫동안 책꽂이에만 꽂아 두었다. 서재에서 어떤 책을 찾다가 보면 언제나 ≪픽션들≫과 눈이 마주쳤다. 다음에… 언제나 다음을 기약하고 애써 외면한 책이었다. 그러나 언제라도 읽어야 할 책이고 넘어야 할 산이었다. 스스로 읽지 못할 바에는 강제로 읽으려고 독서 모임에 ≪픽션들≫을 추천했다. 다행히 회원들은 바로 앞에 읽었던 『장미의 이름』에서 호르헤 노인이 보르헤스에게 영감을 얻어 창작된 인물임을 알았기에 보르헤스에게 호기심을 가지고 흔쾌히 채택했다.

≪픽션들≫의 첫 번째 단편은 「틀뢴, 우크바르, 오르비스 테

르티우스」인데, 보르헤스는 독자들을 시험에 들게 할 요량인지 당최 무슨 말인지 모르는 단편을 첫 장에 실었다. 독서 모임만 아니었다면 한 장을 넘기지 못하고 덮었을 테지만, 어쨌든 기어이 읽었다. '기어이…' ≪픽션들≫에 정말 적절한 표현이다.

*****

보르헤스는 예민하고 외로운 사람이었던 것 같다. 19세기 중반부터 아르헨티나는 유럽의 이민자를 대거 받아들였고, 보르헤스의 할아버지와 할머니도 영국 출신의 이민자이다. 영국인 할머니는 어린 보르헤스를 학교에 보내지 않고 가정교사를 들여 교육했고, 청소년 시절에는 유럽에서 살았다. 영국인 할머니는 그를 '호르헤'라는 스페인어 이름 대신 영국식으로 '조지'라고 불렀다. 이렇듯 어린 시절의 성장 과정을 보면 보르헤스가 아르헨티나인으로 정체성을 갖기 어려웠을 것으로 보인다. 부에노스아이레스에서 도서관 사서로 일하면서도 동료들과 어울리지 못하고 항상 도서관의 책들을 읽으며 지냈다고 한다. 많은 문인과 교류했지만, 아르헨티나에서 이방인인 그는 외톨이지 않았을까. 그런 상황이 그를 관념적으로 만들었고, 그런 성향이 작품들에 녹아있다.

≪픽션들≫에 나오는 주인공들은 외부와 교류가 거의 없다. ≪픽션들≫은 『두 갈래로 갈라지는 오솔길들의 정원』과 『기교들』로 이루어진 두 개의 단편집 모음이다. 그나마 ≪픽션들≫ 중에서 나중에 발표된 『기교들』은 이야기 형식을 띠고 있지만, 『두 갈래로 갈라지는 오솔길들의 정원』은 대체로 논문이나 평론처럼 화자 한 명만 등장한다. 보르헤스가 도서관에서 홀로 공부하고 상상하는 모습이 그들에게서 보인다.

보르헤스는 『두 갈래로 갈라지는 오솔길들의 정원』의 단편들이 탐정소설과 환상소설이라고 서문에서 밝혔다. 「틀뢴, 우크바르, 오르비스 테르티우스」는 영미 백과사전에 소개된 어느 지역에 관한 이야기인데, 알고 보니 17세기에 비밀결사에서 만든 이상 세계였다는 것이 결말이다. 틀뢴에서 보르헤스는 고전주의와 모더니즘의 세계를 넘어 포스트모더니즘의 세계를 열었다. 어렵게 읽고 전혀 이해하지 못하고 넘긴 단편인데, 몇 번을 읽고 정리하고서야 보르헤스가 틀뢴이라는 행성을 만든 이유를 알겠다. 틀뢴에서 연구된 새로운 세상은 『두 갈래로 갈라지는 오솔길들의 정원』의 마지막 단편인 「두 갈래로 갈라지는 오솔길들의 정원」에서 중국인 추이펀의 작품에서 재창조된다. 하지만, 결국 보르헤스가 만들고 싶었던 새로운 세상, 즉 추이펀의 작품들은 기성 사람들에 의해 '무책임한 상상의 방종과 같은 행위' 또는 '어지러운 원고 뭉치', '거대한 수수께끼' 등으로 평가받은 채 세상에 나오지 못하고 끝난다.

「원형의 폐허들」에서 다친 주인공은 '남부'에서 왔다. 남부에 따옴표까지 쳐져서 강조되었고, ≪픽션들≫의 마지막 작품인 「남부」가 보르헤스의 자전적 이야기라고 봤을 때 「원형의 폐허들」의 '그'는 자기 자신 보르헤스를 말한다. 그는 버려진 신전 터에서 혼자 지내며 꿈을 꾼다. 꿈과 환영 속에서 제자를 키우고 자식을 기른다. 「바벨의 도서관」은 그의 세계이고 우주이다. 처음에는 도서관의 구조를 소개하고, 점차 도서관의 존재 이유를 말하고, 점점 도서관은 우주의 혼돈처럼 어지럽게 빙빙 돈다. 작가는 무질서가 반복되면 질서가 될 것이라며 소설을 마무리한다. 「바벨의 도서관」의 '그'는 눈먼 사람이고 죽음을 앞둔 사람인데, 유전적으로 눈이 나쁜 보르헤스의 가문을 생각하면 역시 「바벨의 도서관」의 '그'도 보르헤스이다. 「허버트 퀘인의 작품에 대한 연구」에서 허버트 퀘인은 죽었다. '나'는 허버트 퀘인에 대한 타임즈Times의 추모 기사가 맘에 들지 않는다. 허버트 퀘인은 실험적 정신이 강하여 간결하면서 완결된 작품을 썼고, '나'는 그의 작품에 대해서 분석한다. 그리고 작품의 끝에 「원형의 폐허들」과

「두 갈래로 갈라지는 오솔길들의 정원」이 등장한다. 또다시 '나'는 보르헤스임을 드러낸 것이다. 「틀뢴, 우크바르, 오르비스 테르티우스」부터 시작하여 일곱 개의 생각을 거치며 「두 갈래로 갈라지는 오솔길들의 정원」에 와서야 혼자였던 보르헤스는 드디어 '사람'과 마주하여 그동안 만든 세계를 이야기로 풀어낸다. 그러나 결국 「두 갈래로 갈라지는 오솔길들의 정원」에서도 '그'의 문학은 빛을 보기 전에 안내자가 죽는다. 이렇듯 『두 갈래로 갈라지는 오솔길들의 정원』의 시작은 「틀뢴, 우크바르, 오르비스 테르티우스」가 열고 「두 갈래로 갈라지는 오솔길들의 정원」이 닫는다. 『두 갈래로 갈라지는 오솔길들의 정원』에서 주인공 '나' 또는 '그'는 단편들을 통해 여행한다. 메소포타미아, 인도, 스페인, 페르시아, 바빌론, 영국을 배경으로 그의 생각이 담긴 환상 세계를 보여준다.

반면에 『기교들』에 흐르는 주제는 '죽음'이다. 아홉 개의 단편 중에 여덟 개의 단편의 주인공들은 모두 죽거나 죽은 것과 다름없다. 지독한 불면증과 더위를 이기지 못하고 권총 자살을 시도했다가 살아났다거나 창문에 이마를 부딪쳐 패혈증으로 죽을 뻔했던 30대의 보르헤스의 머릿속에는 항상 '죽음'이 함께 하고 있었던 것 같다. 또한 보르헤스는 『두 갈래로 갈라지는 오솔길들의 정원』에서 보였던 은둔형 외톨이 학자의 모습을 벗어나 『기교들』에서는 주인공이 사회에 나와 다른 사람에 대해 호기심을 가지고 관찰하는 모습을 보인다. 「기억의 천재, 푸네스」나 「끝」은 아르헨티나의 원주민(메스티소, 물라토, 흑인, 인디오)과 가우초(카우보이)가 주인공이다. 이렇듯 『두 갈래로 갈라지는 오솔길들의 정원』에서 다국적 세계관을 가졌던 그는 『기교들』에서 민족적 세계관을 보여준다. 아르헨티나가 백인 이민자를 장려하면서 원주민들은 이민자와 근대문명에 쫓겨 평원으로 밀려났다. 19세기 중반 호세 페르난데스는 『마르틴 피에로』라는 산문시에서 가우초의 삶과 애환을 노래했다. 보르헤스는 페르난데스의 시를 가져와 「끝」을 썼다. 그리고 검둥이와 이방인의 결투는 「남부」로 이어진다. 「남부」의 후안 달마는 호르헤 보르헤스 자신이다. 달마는 보르헤스처럼 이마를 창문에 부딪혀 패혈증으로 죽다 살아났다. 혼수상태에서 깨어난 달마는 평온이 주는 일상을 느끼기 위해 남부에 있는 별장으로 향한다. 그는 들떠 있고 행복하다. 그러나 기차 차장은 내려야 할 곳도 아닌 곳에 그를 내려주고, 식당에서는 주변 노동자들이 시비를 건다. 결국 칼을 처음 잡아본 달마는 결투를 거부하지 못하고 칼을 들고 평원으로 나가면서 「남부」는 끝난다.

그렇게 『기교들』도 끝나고 ≪픽션들≫도 끝난다. 보르헤스는 개인적 상념에서 벗어나 아르헨티나에 관심을 보인 듯하지만, 작품에서 그는 여전히 이방인으로 마무리된다.

호르헤 루이스 보르헤스는 ≪픽션들≫을 통해 기존 문학의 질서와 구조를 해체하였다. 결말과 답이 정해진 고전주의와 모더니즘의 작품들을 넘어 그의 소설은 독자의 해석을 요구한다. 또한 그의 소설에서 자주 사용되는 미로와 거울이 상징하듯 현실과 허구의 경계를 무너뜨렸다. 보르헤스 이전의 문학이 인간 보편적인 정서와 평면적 시공간을 자연스러운 흐름에서 보여주었다면, 보르헤스는 이러한 틀을 깨고 시간과 장소에 구애받지 않는 입체적인 환상소설의 문을 열었다. 보르헤스는 죽고 없지만, 많은 작가가 보르헤스의 영향을 받았다. 그래서 보르헤스를 알기도 전에 읽었던 살만 루슈디의 『한밤의 아이들』, 마이클 온다치의 『잉글리쉬 페이션트』, 움베르토 에코의 『장미의 이름』 그리고 한강의 『작별하지 않는다』 등이 ≪픽션들≫ 속에서 보였다.

이제라도 보르헤스를 알아서 다행이다. ≪픽션들≫ 정말 잘 읽었다.

| 해설 |

현모양처, 누가 그 이름을 소극적이라 말하랴?
– 미더운 아내, 당당한 어머니의 진솔한 증언과 도전

정영자
| 문학평론가, 한국문인협회 고문, 국제펜클럽 한국본부 고문 |

역사 문화 탐방에 매료되어 여행을 떠나는 가족들, 손님을 초대하여 아내가 아닌 남편의 요리 솜씨를 은근슬쩍 기막히게 소개하는 부인, 남편은 아내를 위하고 아내는 남편을 배려하며 함께 공부하는 사람들, 겉으로 보기에도 선남선녀였는데 내공은 더 농익어 신나고 재미나게 딸, 아들 두 명을 머리 마주하며 키우는 부부, 민첩하고 활달하지만 똑똑하고 영민하면서도 부덕의 전통이 배인 현대 감각의 부부는 넘치지도, 모자라지도 않는다. 아내는 즐거이 현모양처의 주업을 당당하게 살면서 자신의 삶을 창조적으로 만들어 가는 출중한 인물이다. 그 중심에 방수미 수필가가

있다.

　요즈음 같이 바쁘고 개인 중심의 사적 생활이 중요시되는 때에 집으로 점심 초대를 한다는 것은 매우 어려운 용단이다. 필자는 방수미 수필가 부부의 초대를 받으며 참 귀하고 소중한 사람들을 만났다고 감탄한 적이 있었다. 깔끔한 테이블이며 그릇, 격식대로 음식이 나오는 과정은 물론 두 사람의 진정성 있는 조용한 몸놀림은 과장도 허세도 없이 그냥 그대로의 명징한 이 시대의 보석 같은 존재라고 느꼈다. 그리고 그 이쁜 사람들의 가정이 평화롭게 밝아 가고 있다는 것을 방수미 수필가의 표정에서 읽을 수 있었다.

　그런 그가 첫 수필집을 낸다고 한다. 역시 허세나 과장이 전혀 배제된 맑은 그녀의 삶과 성찰, 아이들을 키우면서 최선을 다하며 즐기는 여유와 탐구력, 여행과 독서, 역사에서 배우는 자세들을 읽으며 대학에서 역사학을 전공한 사람답게 다양한 역사적 성찰을 기반으로 하여 한결 수필집이 단아하고 깔끔하다고 느꼈다.

　방수미 수필가는 익산 출생으로 원광대학교 사학과를 졸업하고 남편과 함께 부산으로 이사하여 두 아이를 어느 정도 키워 놓고 수필과 시를 공부하여 2022년 문학 계간지 『여기』를 통해 수필가로 등단하였다. 현재 (사)부산여성문학인협회, 독서모임 <이음 책방> 회원으로 아직도 자기 연찬에 몰입하고 있다.

첫 수필집 『민들레 홀씨 훨훨』의 서문, 작가의 말에서 그는 다음과 같이 소회를 밝히고 있다.

"수필을 쓰면서 하루하루가 반짝였습니다.
현재에서 과거로 떠난 시간 여행은 행복했습니다.
반만년 역사의 등줄기를 어루만지기도 했습니다.
여행의 순간을 사진처럼 글로 담았습니다.
마치 훨훨 날아가는 민들레 홀씨처럼,
낮은 땅바닥에, 높은 절벽에
나의 수필은 어느 틈에 뿌리를 내립니다."

수필이 무엇인가, 그리움의 시학이요 옹골차게 작가 자신의 비전과 염원이 담긴 간절한 기록이 아닌가. 감추지 않고, 있는 그대로의 자신을 내어 보이는 용기, 간절해서 더욱 진실한 문학의 장르인 수필, 이들 글 속에서 사람과 세상에 대한 이해, 역사에 대한 통찰, 가족애, 사랑을 깨닫고 배우는 것이기도 하다. 이제 첫 출발의 대장정에 그의 출발은 역사와 우리 문화에 대한 가족이라는 소중한 관계를 통하여 지금 살고 있는 부산에 더욱 뿌리 내릴 것이다.

이 수필집의 핵심은 미더운 아내, 당당한 어머니의 진솔한 표현을 통하여 깊게 헌신하며 지혜로운 삶을 살며 창의적인 도전을 즐겁게 그리고 꾸준히 하는 젊은 아내와 아직도 젊은 엄마, 방수미 수필가의 풋풋한 과거, 현재, 미래가 출렁이고 있다.

1. 평야에서 바다로-인연의 멋과 향수

우리는 그리움의 향수 속에서 삶을 살아왔다. 또한 그리움을 안고 현재의 삶을 단단하게 뿌리를 내리면서도 뿌리의 근원과 그 역사성을 소중하게 생각한다. 신혼여행으로 온 부산에서 활기찬 사람들과 역동적인 부산을 만나 매력적인 도시였던 곳에서 생활하는 인연을 가지게 된 작가는 십 년 세월에 마음마저 부산 사람이 되어간다고 고백하고 있다.

사방을 돌아도 반듯반듯한 논만 보이던 고향 평야와 다른 다양한 변화를 가져다주는 바다와 수평선의 대비를 통하여 새로운 환경에 대한 적응과 도전 정신의 인내와 끈기를 <동백섬 틈 속으로>에서 묘사하고 있다.

> 부산은 나에게 특별하다. 결혼할 때까지 부산에 와 본 적이 없었다. 신혼여행으로 처음 찾은 부산은 설레고 매력적인 도시였다. 사람들의 모습은 활기찼고 도시는 역동적이었다. 서면에 머물며 해운대, 광안리, 자갈치 시장 등을 다녔다. 생활 한복을 입고 재미있게 찍은 사진들을 보면 지금도 수줍은 미소가 스며 나온다. 즐거웠던 기억에 기대어 가끔 부산을 떠올리곤 했다. 인생이란 알 수 없다. 나는 지금 부산에 살고 있다. 잠시 여행자가 되어 바람처럼 머무르려 내려왔지만, 부산에 반해서 십여 년을 살다 보니 마음마저 부산 사람이 되어간다.
>
> 제자리에서 한 바퀴 돌아도 온통 반듯반듯한 논만 보이는 그런 곳에서 나고 자랐다. 평야는 계절별로 바뀐다. 봄에 모내기하고, 여름에 피사리하고, 가을에 수확하고, 겨울에 땅을 쉬게 한다. 그런데 바다는 매일매일 바뀌는 것이 신기하다. 어제의 바다는 뜨거운 바다였다면, 오늘의 바다는 차가운 바다이고, 내일의 바다는 성난 바다일 것이다. 모레는 언제 그랬냐는 듯이 다시 잔잔한 바다가 될 것이다. 수평선이라는 것도 신기했다. (중략)
>
> — <동백섬 틈 속으로>에서

잔잔하게 들리는 파도 소리를 들으며 해안산책로를 걷다가 구슬을 바라보는 황옥 공주의 쓸쓸한 얼굴에 문득 평야 마을을 떠나 바다 마을에 살고 있는 자기 얼굴이 겹친다. 새로운 환경은 사람을 진취적이고 역동적으로 만든다. 네모 난 돌을 갈고 닦아 동그란 구슬을 만들 듯, 어느새 적응하여 부산 사람이 되어간다지만 타향살이의 아쉬운 그림자까지 걷어낼 수는 없는 그리움을 <동백섬 틈 속으로>에서 자연의 아름다움과 함께 표현하고 있다. 그래서 그리움의 나무이고 그리움의 수평선이 치유의 한 자락을 감당하고 있는 것이 아닐까.

2. 홀씨처럼 뿌리내린 삶의 중심, 부산

내가 사는 곳 가까이에는 해운대에서 송정으로 넘어가는 길에 메타세쿼이아 숲길이 있다. 지금이야 터널이 뚫리고 새로운 길이 생겼지만, 오십여 년 전만 해도 사람들은 이 언덕을 넘어 송정으로 다녔다. (중략)

멀리 메타세쿼이아가 보이면 일부러 멈춰서 바라보곤 했는데, 그 메타세쿼이아가 우리 아파트 중앙 통로에 줄지어 심겨 있는 것을 뒤늦게 알았다. 틸틸과 미틸 남매가 그토록 찾아다니던 파랑새가 집 안에 있었듯이, 우리 아파트 안의 메타세쿼이아를 알아보지 못했다. 등잔 밑이 어둡다는 속담은 나를 두고 하는 말인가 보다. 메타세쿼이아 나무 아래 의자에 자주 앉는다. 어느 순간 변화무쌍한 메타세쿼이아를 사진에 담기 시작했다. 매달 보름에 사진을 찍었다. (중략)

그렇게 일 년 동안 사진을 찍었다. 열두 개의 사진을 모아놓았더니 시간에 따라 햇빛과 그림자가 제각각이다. 역시 첫 술에 배부를 리 없다. 이번에는 날짜를 정하는 것보다 시간을 정했다. 어느 날 날씨 좋은 열두 시로. 태양이 중천에 떠 있을 때 사진을 찍었다. 수시로 사진을 모아놓고 보니 다행히 메타세쿼이아와 그림자가 계절의 흐름에 따라 움직인다. 이제야 만족스럽다. 이제 가을과 겨울만 찍으면 메타세쿼이아의 일 년이 다 담긴다. 사소하지만 보람 있다. 마치 우주의 이치를 깨달은 기분이다.

한 해에 열두 번, 그렇게 메타세쿼이아를 만나는 날은 이곳이 평범한 아파트가 아니다. 소중한 것을 만나는 즐거운 소풍이다. 열두 시에 알람이 울린다. 오늘도 메타세쿼이아를 만나러 간다. 생텍쥐페리의 『어린 왕자』에 나오는 구절처럼 나는 '나의 메타세쿼이아' 사진을 찍기 위해 공들인다.

"너의 장미꽃이 그렇게 소중한 것은

그 꽃을 위해 네가 공들인 시간 때문이다."

– <열두 번의 메타세쿼이아>에서

메타세쿼이아의 특성은 물론 계절마다 바뀌는 나무의 모습을 정확하게 표현하고 있는 이 글은 나무의 감상에 끝나지 않고 달마다 변화하는 나무의 모습을 사진으로 찍었다. 그리고 아파트에서 메타세쿼이아를 만나는 날은 소풍이 된다는 즐거움의 의미를 『어린 왕자』에 나오는 구절을 원용하여 더 선명하게 하고 있다. 독서력의 폭은 글의 내용을 더 깊게 하고 있다.

화창한 오월이다. 가정의 달 오월에 우리 가족은 조상의 뿌리를 찾아 나선다. 부산시 해운대구 석대동. 우리가 향한 곳은 영양 천씨 정려각이다. (중략)

우리는 영양 천씨 집성촌과 정려각이 부산에 있는지도 몰랐다. 부산의 지역 신문에 소개된 것을 친구가 가져다주어 알게 되었다. 내 남편의 성이 千씨이니 눈에 띄었나 보다. 임진왜란 때 명나라에서 파견된 이여송 대장을 따라온 천만리 장군은 전쟁이 끝난 후에 아들들과 귀화하여 조선에 뿌리내렸다는 정도만 알고 있었다. 그 뒤로 어떻게 살았는지 어떻게 우리 시댁은 십여 대에 걸쳐 섬에 살게 되었는지 그런 생각은 안 했었다. 영양 천씨 정려각에 이르러서야 남편 성씨의 내력을 알았다. 임진왜란 후에는 조선을 도와준 대국의 장군으로서 천만리 장군은 충장공이라는 시호까지 받았다. 그런 영향력으로 조선에서 자리 잡기 쉬웠을 것이나, 병자호란 후에 명나라 집안인 영양 천씨는 납작 엎드려야 했다. 청나라는 명나라 유민을 잡아 보내라 했고, 영양 천씨는 압송을 피해 남으로 남으로 내려갔다. 그래서 영남과 호남지방까지 내려와 집성촌을 이루며 자리를 잡았고, 해운대구 석대동도 그중의 하나이다. 더 멀리 내려간 영양 천씨의 한 갈래가 아마도 우리 시댁이 있던 완도의 조그만 섬인가 보다.

정려각 낮은 풀밭에 햇볕도 잘 든다. 아이들은 볼에 바람을 가득 넣고 **민들레 홀씨를 훨훨** 날린다. 상쾌한 바람을 타고 이리저리 휘날리는 민들레 홀씨를 보니 척박한 땅에 단단히 뿌리 내린 민들레처럼, 이 땅을 지켜온 조상님들의 강인한 힘이 느껴진다. (중략)

— <우리 조상님>에서

타향인 부산에서 조상의 뿌리를 확인하고 있는 <우리 조상님>은 민들레 홀씨처럼 척박한 땅이라도 뿌리내려 열심히 살면 그곳이 생활이 되고 성장의 바탕이 된다는 성찰을 보여주고 있다.

3. 여행을 통한 세계관

어렸을 때부터 세계에 관심이 많았다. 어린 시절 가장 많이 하던 놀이는 부루마불이었고, 두 번째 놀이는 동생들과 하던 각 나라의 수도 맞추기 빙고 놀이이었다. 놀이하면서 자연스럽게 외우게 된 나라들에 언젠가는 꼭 가보겠다고 생각했다. 그런 결심 덕분인지 여행을 좋아한다. 여행은 그 나라의 풍경, 음식, 문화 등 다양한 추억을 남겨준다. 그러나 그 중에서 가장 중요한 추억은 사람이다. 그 사람 때문에 도시가 소중해진다.

— <사람의 향기가 남은>에서

에펠탑 광장에서 급하게 화장실을 찾았을 때 식당 주인의 친절, 튀르키예 이스탄불 여행 중에 만난 노신사의 형제국이라는 인사와 함께 닭고기 음식값 계산, 키르기스스탄에서 만난 친절한 택시 기사와 숙소 주인의 친절 등을 추억하며 사람이 아름다울 때 도시도 아름답다는 긍정적인 생각을 설파하고 있다.

세상의 모든 향기는 아름답지만, 사람이 내뿜는 향기야말로 가장 향기롭다. 텔레비전에서 우연히 파리나 이스탄불이나 키르기스스탄의 이야기가 나오면 그들이 먼저 생각난다. 파리의 식당은 잘 되고 있을까, 이스탄불의 노신사는 지금도 한국인 관광객에게 친절을 베풀고 있을까, 키르기스스탄 택시 기사의 아이들은 많이 자랐을까. 이 외에도 길을 헤매는 이방인에게 친절하고 성심성의껏 길을 알려준다거나, 어린 아기들을 데리고 있으면 자리를 양보한다던가, 무거운 가방을 번쩍 들어주는 친절은 수시로 있었다. 친절한 사람들의 향기로 채워진 도시는 번성할 것이고, 향기로움에 모두가 편안할 것이다.

— <사람의 향기가 남은>에서

모든 것의 중심에 사람이 있고 사람의 중심에 마음이 있다는 평범한 진리를 여러 나라를 여행하며 경험한 예를 들어 묘사하고 있다. 어떠한 역사, 문화, 음식, 놀이보다 더 감격스러운 것은 그 때 그 사람의 감동적인 행위와 말이 핵심이며 그것이 결국 그 도시의 매력과 추억 속에서 아름답게 기억된다는 경험론적 인본주의의 실례를 구체적으로 들어 설득하고 있다.

4. 현재 속의 과거, 과거 속의 현재

친정에 다녀왔다. 예전에는 고향 친구들을 만나 수다 떨기 바빴는데, 이제는 시간을 내어 동네를 산책한다. 일곱 살부

터 살던 우리 동네는 수십 년이 흐르는 동안에도 크게 달라지지 않았다. (중략)

낮은 지붕이 있는 집들, 좁은 골목길, 가끔 집안에서 웃는 소리가 벽을 넘어 흘러나온다. 우리 동네는 우리 도시에서도 가장 변화가 느린 곳이다. 지금의 모습은 삼사십 년 남짓 시간이 멈춘 채 그대로이다. (중략)

늦봄 날씨는 산책하기 딱 좋다. 운동화를 신고 집 밖으로 나간다. '지금' 내가 살고 있는 곳을 걷는다. 옛날 동네처럼 좁은 골목길은 없지만, 아파트와 아파트 사이에 산책로가 잘 되어 있다. 봄에는 벚꽃이 피고, 여름에는 신록이 푸르고, 가을에는 곱게 은행이 물든다. 오래된 '신시가지'에는 굵은 나무가 있어서 좋다. 새로 이름 지어진 '그린 시티Green City'는 우리 동네에 잘 어울린다. 춘천을 따라 장산 대천공원까지 걷는다. 춘천에 수달이 산다며 조용히 해달라는 팻말이 보인다. 조심조심 살포시 걸으니 춘천에 졸졸 흐르는 물소리만 들린다. 걷던 걸음을 멈춘다. 초록이 깊어지는 산책로의 사진을 찍고 날짜를 써넣는다. 지금 걷는 이 길이 나에게 또 다른 향기를 품은 나의 장소가 되기를 바라며 오늘 새로운 기록을 남긴다.

― <골목길에 서서>에서

운명이 바뀌는 순간이 있다. 결혼이 그랬고, 딸을 가졌을 때 그랬고, 아들을 낳았을 때 그랬다. 좁은 시각은 점점 넓어 졌고, 마음도 넉넉해졌다. 오랫동안 썼던 안경을 벗고 라식 수술을 했을 때도 인생이 달라지는 기분을 느꼈다. 깎여 나 간 각막만큼 나의 시야도 넓어졌다. 그리고 호메로스를 만나 면서 나는 또 새로운 세상의 문을 열었다.

호메로스는 서사시에서 신들을 내세우고 있지만, 주인공 은 신이 아니고 인간이다. 호메로스는 사람이 어떻게 살아야 명예로운지 『일리아스』와 『오뒷세이아』에서 노래한다. 호 메로스에서 강조되는 여러 덕목 중에서 내가 꼽은 최고의 덕 목은 '참는 마음', 즉 '절제'이다. 고대 그리스의 서사시나 비 극은 끊임없이 인간의 오만과 절제를 주제로 한다. 『일리아 스』는 오만과 절제의 대립이다. 여신의 아들인 아킬레우스 는 끊임없이 절제하는 모습을 보여준다. 그런 그도 결국 오 만함을 이기지 못해 친구인 파트로클로스를 잃었다. 인간의 아들인 아가멤논(그리스군 대장)과 헥토르(트로이아 왕자)는 인 간의 감정을 그대로 대변한다. 그들은 승리가 보이면 오만해 지고, 지고 있으면 실의에 빠진다. 일희일비하는 평범한 우 리의 모습 그대로이다. 『오뒷세이아』에서 오뒷세우스도 난 폭한 구혼자들이 차지한 그의 궁전에서 모욕을 참아가며 절 제한 끝에 기회를 잡아 그들 모두를 물리치고, 궁전과 가족 을, 그리고 자기 자신의 이름과 명성을 되찾았다.

『일리아스』를 읽으면서 배운 것 중의 다른 하나는 적절한 '보상'이다. 아킬레우스가 분노한 것은 자신에게 보상으로 주어진 브리세이스라는 시녀를 아가멤논이 빼앗았기 때문이다. 인간에게 보상은 명예의 문제이고 적절한 보상이 주어져야 더 열심히 최선을 다할 수 있다. 나는 『일리아스』를 읽은 후에 아이들을 키우면서 특별한 것에 대해서는 적당한 보상을 주기 시작했다. 그것은 칭찬일 수도 있고, 간식일 수도 있고, 용돈일 수도 있다. 그러면서 당연한 것들이 매시간 특별해졌다.

　　　　　　　　　　　　　－ <호메로스를 만납니다>에서

　현재 속에 과거, 과거 속의 현재를 만나는 수필을 통하여 체험은 물론 독서의 힘이 크다는 것을 보여주는 수필이다. 그리스·로마 신화를 제대로 이해한다는 것은 그만큼 세상과 사람에 대한 성찰이 있는 것이다. 오뒷세우스의 인간 승리는 철저한 절제와 인내의 소산이다. 분노도 적절한 시기에 정당한 방법으로 폭발될 때 그 효력이 있다는 것을 호메로스는 자신의 작품에서 보여주고 있다. 분노를 다스리는 것은 승리의 기본이기 때문이다.

5. 화려한 묘사, 적확한 표현

<논의 일생-호남평야에서>는 기승전결의 논리적 구성과 일제 수탈을 담고 있다. 호남평야의 역사적 사명과 사계절의 다양한 변화와 특성을 농부의 시각으로 화려한 묘사, 적확한 표현기법을 활용한 논의 일생과 인간의 일생을 비교하고 있다. 작가가 살고 보고 느낀 모든 것들이 지금부터 글의 소재로서 필요충분한 문학적 기반이 되는 것이다.

봄이다.(중략) 할머니의 주름살처럼 쩍쩍 갈라졌던 논바닥은 물을 주는 대로 삼킨다. 금세 논은 보들보들한 아기의 발바닥같이 촉촉해진다. 오월에 이앙기가 논을 한 바퀴 돌고 나면 신생아의 솜털처럼 여린 모가 줄을 맞춰 심어진다. 물이 가득 대어진 논의 연둣빛 모는 물빛에 반짝이는 자기 모습을 감상하듯 춤을 춘다. 어린 모들이 심어진 논을 바라보고 있노라면 언제 자라려나 싶다. 갓난아기가 걷기까지 오랜 시간이 걸리듯이 어린 모도 더디게 자란다.

여름이다. 푸르고 빽빽하게 자란 벼들이 논을 가득 메운다. 내가 살던 호남평야는 일제 강점기에 반듯하게 경지정리가 되었다. 논들의 끝은 수십 킬로미터 떨어진 김제까지 닿아 있다. 일제가 우리나라에서 가장 많이 수탈한 곳이다. 빼앗김의 역사를 아는지 모르는지 싱그러운 벼들은 논들을 따라 수십 킬로미터까지 우줄우줄 푸르르다. 내가 가장 좋아하는 논의 계절은 바로 이때이다. 작은 바람에도 흔들리는 초록 물결을 바라만 봐도 눈이 맑아진다. 어쩌면 농부들의 시력이 그래서 좋을지도 모르겠다. 자연이 주는 건강함인가 보다.

가을이다. 호남평야는 점차 황금빛으로 출렁인다. 머리가 무거워 고개를 숙인 벼를 보노라면 '벼는 익을수록 고개를 숙인다.'라는 격언이 생각난다. 겸손을 빗댄 격언이지만, 내 눈에는 이삭에 달린 낟알의 풍성함만 보인다. (중략)

겨울이다. 텅 비워진 논은 이제 겨울잠을 잔다. 그렇게 긴 시간 동안 깊은 동면에 취한다. 어떤 부지런한 농부는 본인도 놀지 않고, 땅도 놀리지 않는다. 논은 보리씨나 밀씨를 받아 꽁꽁 언 땅에 숨겨준다. 요즈음 국내산 콩에 대한 관심도 높아져 콩씨를 품기도 한다. 그리고 추운 겨울을 두려워하지 않고 새싹을 살짝 꺼내놓는다. 겨우내 눈과 추위 속에 더욱 단단해져야 봄에 열매를 잘 맺을 수 있기 때문이다. 작물을 심지 않은 논에는 겨울에 하얀 곤포로 짚단을 말아놓은 둥근 뭉치가 있는데 전래동화 「의좋은 형제」가 생각난다. 형은 신혼인 동생을 위해, 동생은 자식이 많은 형을 위해 추수가 끝난 후 볏가리를 들고 몰래 갖다 놓다가 나중에 서로의 우애

를 확인하는 훈훈한 마무리이다. (중략)

　농부의 보살핌을 잘 받은 논은 추수할 때 수확량이 좋다. 농부는 모내기한 후에 이앙기가 빼먹은 빈자리에 일일이 모를 심어 때우고, 비료를 적당히 준다. 욕심이 과한 부모가 아이를 위한답시고 아이에게 너무 많은 교육을 하면 아이가 힘들어하듯이, 논도 너무 많은 비료를 주면 벼가 키만 커져서 태풍이나 장마에 넘어지기 쉽다. 틈틈이 부지런히 피사리(벼와 비슷한 잡초인 피를 뽑아내는 일)도 한다. 푸른 벼보다 웃자란 피들을 뽑아주면 벼들은 정갈하게 키를 맞추고 자란다. 매일 들여다보며 목마르지 않게 물을 대줘야 한다. 적절한 관심과 보살핌. 말처럼 쉽지 않다. 오십 년 농사를 지은 부모님도 매년 다르다고 하신다. 아이들을 키우는 것과 농사는 여러모로 비슷하다. 그래서 자녀 교육을 농사에 비유해서 자식 농사라 부르나 보다.

　논의 일년은 우리의 인생과 닮았다. 어린아이처럼 보들보들한 연둣빛 모, 청년을 닮은 푸른 벼, 노년을 닮은 황금빛 나락. 그리고 세상을 떠나고 나면 이제 아무것도 남지 않은 텅텅 빈 논의 겨울 모습조차 논과 우리네 인생은 똑같다. 옷의 두께보다 논의 색깔에서 계절의 흐름을 느낀다. 논의 모습이 변할수록 나도 한층 익어간다.

　　　　　　　　　－ <논의 일생-호남평야에서>에서

유려한 문체는 막힘없이 봄·여름·가을·겨울로 다채롭게 펼쳐지는 논의 풍경 묘사를 통하여 흐르고 있다. 결국 논의 변화는 인간의 성장 사이클과 닮았다는 작가의 논리는 치밀하게 구성되어 독자들을 영상 같은 문장으로 안내하고 있다. 당장 평야로 가고 싶은 마음이 일도록 충분히 독자들을 매혹하는 문장으로 길을 안내한다.

6. 현모양처의 당당함 그리고 또 한 장의 이력서

대학에 다닐 때 친구가 꿈이 무어냐고 물었다. 지금 생각해 보니 그 친구는 내가 취업 걱정을 하지 않는 게 궁금했나 보다. 뜬금없는 질문에 나도 뜬금없이 대답했다. '현모양처'가 나의 꿈이라고…. 이름을 남긴 위인의 뒤에는 항상 좋은 아내와 든든한 어머니가 있었다. 아킬레우스에게는 테티스가, 공자·맹자에게는 자식의 공부를 위해 최선을 다하는 어머니가, 카이사르에게는 적절한 교양교육을 시킨 아우렐리아가, 율곡 이이에게는 우리가 다 아는 신사임당이 있었다. 유교적 가르침이 팽배했던 이십 세기에 좋은 엄마가 되는 것은 어쩌면 모두의 희망 사항이기도 했다. 반은 우스갯소리로 대답한 것인데, 지금 나는 '가정주부' 역할에 충실하다. 엄마

손을 거들기 시작하면서 살림에 최적화되었고, 그것은 현재까지 이어진다. 한꺼번에 여러 개의 일을 할 수 있고 식구들을 위해 맛있는 식사를 뚝딱 준비한다. "엄마 음식이 제일 맛있다"라는 아이들의 칭찬은 "누나 김치볶음밥이 제일 맛있다"라고 했던 동생들을 생각나게 한다.

고향에 갔다가 오래간만에 초등학교 동창을 만났다. 친구는 동네 목욕탕집의 장녀였다. 친구의 엄마는 종종 친구에게 목욕탕 계산대를 맡기고 외출하셨다. 지금 돌이켜보면 그 친구와 나는 일하는 엄마들의 숨구멍이었던 것 같다. 우리는 가장 가까이에 살았고, 가장 많이 어울렸다. 친구와 이런저런 옛날이야기를 나누는데, 친구는 내가 동생들 밥을 챙겨주는 것이 이해되지 않았단다. 한참 놀기 좋은 나이에 동생들 식사에 매여 부엌 살림을 도맡아 해서 신기했나 보다. '살림'을 달리 해석하면 '사람을 살린다'라고 볼 수 있다. 따뜻한 밥 한 끼는 뱃속을 든든하게 영양을 주기도 하지만 정서적으로도 튼튼하게 한다. 아마 우리 옛사람 누군가 그런 의미로 가정일을 '살림'이라고 하지 않았을까. 살림에 열성이라 지금도 한 끼 밥이라도 새로 안치고, 아이들이 좋아하는 요리를 즐겨한다. 요리는 참 즐겁다. 정성껏 준비해서 이쁘게 상 차림하고 식구들의 칭찬을 들으며 먹는 음식이 꿀맛이다. 어제도 아이들이 좋아하는 빠에야를 만들어 맛있게 먹었다.

가끔은 일하는 친구들이 부럽다가도 지금 내가 가정에 집중할 수 있어서 좋다. 여전히 마음속에 현모양처를 품고 있나 보다. (중략)

― <한 장의 이력서>에서

1992년 노벨경제학상 수상자이자 시카고 학파의 대부(代父)였던 게리 베커 시카고 대학 교수는 사회현상에 경제학의 분석 방법을 적용해 학문의 경계선을 넘나들었다. 전통적인 경제학의 영역이 아닌 일반적으로 사회학의 영역으로 여겨져 왔던 가족 관계 등 다양한 분야에 경제학적 원리를 적용하여 경제학의 범위를 넓혔다고 평가받고 있다. 베커 교수는 또 인간의 지식, 건강 등을 '인적 자본'으로 인식하고, 이런 인적 자본이 토지, 자본과 같은 물적 자본보다 더 중요하다는 이론을 확립했다. 가정경제학에서 가정일의 소중함과 경제 수치는 이미 일반화되고 있다. 따라서 현모양처의 자본은 우리가 알고 있는 자본의 범위를 넘어서는 확실한 자본이다.

현모양처, 집에만 머무는 소극적인 사람이 아니다. 사회구성의 핵심인 가정의 일은 국가의 거대한 권력의 출발이다. 주부의 헌신과 사랑을 경제 수치로 계산한다면 일반인의 평균 임금을 넘어선다고 보아야 할 것이다. 여기에 가정경제가 미치는 사회자본의 출발을 생각할 수 있다.

 수필가 방수미의 현모양처 확립은 그의 꿈이었고 현재 상황이기도 하지만 이제 그도 이력서에 수필가, 시인으로서의 새로운 문단 활동의 기입이 가능하다. 문화적 치유적 양상 외에 경제적 소득도 가능한 길이 열린 것이다.

 건전한 가정, 정상적인 가정의 운용이야말로 사회불안을 정화하고 행복의 길로 가는 건전한 경제학 혹은 자신의 꿈을 실현하는 양립의 당당한 표제로 서서 발전하고 도전하는 여성상을 창조하는 수필가 자신의 넉넉한 공감을 읽을 수 있을 것이다. 이 세상 현모양처의 길, 그곳은 한국 경제의 출발점이다.

 유려한 필체와 단단한 지성이 빚어 쌓은 그의 문운이 창창하기를 바라며 독자들, 특히 주부들의 일독을 권한다.

방수미 수필집

민들레 홀씨 훨훨

초판1쇄 발행 2025년 9월 20일

지은이 방수미
펴낸이 이길안
펴낸곳 세종출판사

주소 부산광역시 중구 흑교로 71번길 12 (보수동2가)
전화 463-5898, 253-2213~5
팩스 248-4880
전자우편 sjpl5898@daum.net
출판등록 제02-01-96

ISBN 979-11-5979-814-6 03810

정가 15,000원

부산광역시 보아ㅈㄷ 부산문화재단
BUSAN METROPOLITAN CITY BUSAN CULTURAL FOUNDATION

본 도서는 2025년 부산광역시, 부산문화재단〈부산문화예술지원사업〉으로 지원을 받았습니다.

이 책은 저작권법에 따라 보호받는 저작물이므로 무단전재와
무단복제를 금지하며, 이 책 내용의 전부 또는 일부 내용을 재사용하려면
사전에 저작권자와 세종출판사의 동의를 받아야 합니다.
* 잘못된 책은 교환해 드립니다.